75 ideias
para criar
meninos mais felizes

Publicado originalmente por Lobster Press® com o título *Come on, dad! 75 things for fathers and sons to do together*

Publicado em 2011

Direitos desta edição reservados à Nobel Franquias S.A.
(Marco Zero é um selo editorial da Nobel Franquias S.A.)
Rua Major Paladino, 128 • Bloco 3 • 05307-000 • São Paulo • SP
Fone (11) 3706-1466 • Fax (11) 3706-1462
www.editoramarcozero.com.br
atendimento@editoramarcozero.com.br

Dados Internacionais de Catalogação na Publicação (CIP)
(Câmara Brasileira do Livro, SP, Brasil)

Avis, Ed
75 ideias para criar meninos mais felizes / Ed Avis ;
tradução Marcelo Guerreiro de Souza. - São Paulo : Marco Zero, 2011.

Título original: Come on, dad!
ISBN 978-85-213-1546-9

1. Pais e filhos - Literatura juvenil
2. Recreação em família - Literatura juvenil I. Título.
09-065151 CDD-028.2

Índices para catálogo sistemático:
1. Recreação em família : Literatura juvenil 028.2

Ed Avis

75 ideias para criar meninos mais felizes

MARCO ZERO

Sumário

Introdução

NENHUM PAI É IGUAL A OUTRO. Uns fazem os filhos rirem, outros parecem super-humanos de tão fortes, outros ainda são discretamente carinhosos. Não importa quais sejam as características, os garotos normalmente admiram os pais e dão imenso valor ao tempo que passam juntos.

Estimule essa ligação especial que existe entre você e seu filho, aproveitando o tempo com ele de maneira interessante e criativa. *75 ideias para criar meninos mais felizes* apresenta várias atividades divertidas para vocês experimentarem. De construção de um campo de minigolfe até jogos de tabuleiro, as sugestões deste livro foram criadas para trazer desafios, educar e estimular a mente de vocês dois.

Muitas das atividades, como os projetos de arte e os trabalhos manuais, têm como objetivo estimular a criatividade de seu filho. Há também jogos com palavras, experimentos simples de ciência, códigos secretos para serem desvendados e diferentes receitas culinárias. A maioria das atividades exige pouco material e planejamento. Eu tenho dois filhos e sei que para ter o máximo de diversão é melhor gastar pouco tempo com os preparativos.

Estas 75 atividades são apropriadas para pais e filhos que têm interesses diversos. Quer você faça três em um dia ou duas em um mês, aproveitar o tempo que vocês passam juntos é o que este livro sugere de mais importante.

Desde que escrevi a primeira edição deste livro, meus filhos evoluíram para atividades e jogos mais avançados. Mas ainda tenho recordações incríveis do tempo em que fazer um alimentador de passarinho no quintal ou coletar insetos em um vidro de maionese nos deixavam ocupados a tarde inteira. Eu nunca vou me esquecer desse período, e espero que você também proporcione boas lembranças para seus filhos.

NOTA DA EDITORA:
Recomendamos aos pais que tenham precaução e bom senso ao praticar qualquer atividade com as crianças. Nem a editora nem o autor podem ser responsabilizados por eventuais incidentes que venham a ocorrer.

1

Esquadra na banheira

HÁ CENTENAS DE ANOS, a Marinha convoca jovens para se alistarem. Um dia, seu filho poderá ser um deles, atendendo ao chamado do comandante do navio. Mas enquanto ele ainda é muito novo para preparar a mala, leve-o para uma aventura na banheira.

O segredo é fazer uma batalha naval na banheira, em duas partes. Na primeira, ajude seu filho a preparar uma frota de embarcações blindadas. Uma folha de papel-alumínio é o material perfeito. Corte pedaços retangulares de mais ou menos 10 cm x 5 cm. Dobre o lado maior de cada papel ao meio. Depois, segure as pontas e aproxime uma da outra, fazendo que os dois lados do papel se separem. Molde com os dedos a vela e o leme do barquinho, até que ele se equilibre sozinho na água. Faça barcos de tamanhos diferentes e batize-os com nomes variados, tais como encouraçado, cargueiro de aviões,

materiais necessários

FOLHA DE PAPEL-ALUMÍNIO E EMBALAGENS VAZIAS DE XAMPU

destróier, barco a motor e corveta. Não se preocupe com as coisas que estão em cima do convés - concentre-se apenas no corpo do navio.

Quando a frota estiver completa, começa a segunda parte. Encha a banheira para a batalha no mar. Embalagens vazias de xampu podem ser excelentes canhões. Veja qual é a quantidade de água que um barco pode suportar antes de afundar. Faça uma demonstração de como as ondas podem destruir um navio poderoso. O que acontece quando um navio perde a sua forma e se transforma em uma simples bola de alumínio? Uau, ele vai direto para um cemitério de navios no fundo do mar!

Você, seu irmão ou qualquer antepassado têm alguma experiência na Marinha? Agora é a hora certa para contar a seu filho histórias sobre o mar. Vocês podem visitar também uma biblioteca para aprender sobre os diferentes navios de guerra.

> “**Para ficar mais difícil:** construa navios maiores, adicionando velas feitas de papel ou de palha e coloque-os em um riozinho ou lago.”

2

Aventuras noturnas

A NOITE É FASCINANTE para garotinhos que normalmente vão para a cama assim que escurece. Uma excursão ao ar livre depois do pôr do sol será um prazer especial tanto para você como para seu filho.

materiais necessários

LANTERNA

Planeje sua aventura com antecedência, e coloque numa mochila um lanchinho leve, um chocolate quente e uma lanterna. Sugira que seu filho vista o pijama para que a experiência fique ainda mais especial. Conversem sobre o que vocês gostariam de ver com o facho de luz da lanterna e saiam pela noite.

Se seu filho for muito novinho, qualquer coisa chamará a atenção dele. Comece olhando para o céu noturno. Tente encontrar estrelas ou constelações mais familiares, como a Via Láctea ou as Três Marias. Examine a Lua e veja se consegue notar alguma cratera. Acenda a lanterna e ilumine o chão. Se você vive em uma área úmida, é bem possível que alguns lagartos passem por vocês. Agachem-se e espiem atrás dos arbustos, nas fendas da calçada e perto das bases das árvores para ver se encontram outras criaturas noturnas interessantes. Não fique surpreso se seu filho quiser segurar alguns desses répteis assustadores.

Mantenham os olhos e os ouvidos atentos para ver e ouvir animais maiores. Vocês podem cruzar com um gato, um rato, um sapo ou qualquer outro bicho próprio da sua região. Sentem-se em algum lugar e saboreiem o chocolate quente, procurando escutar os sons ao redor; pode ser o barulho de uma rua movimentada na cidade ou o canto de um grilo a distância. Tentem adivinhar de onde vem cada ruído e que tipo de criatura o está emitindo.

Quando vocês voltarem para dentro de casa, peça a seu filho que desenhe tudo o que viu durante o passeio.

> “ **Para ficar mais difícil:** se seu filho for mais velho ou especialmente aventureiro, escolham juntos um destino e deixe que ele conduza o caminho. ”

3

Jogo de adivinhação em família

GAROTOS ADORAM EXIBIR CONHECIMENTO, portanto, fazer um jogo de adivinhação em família será perfeito. Embora funcione melhor com mais de duas pessoas, a diversão será garantida mesmo se apenas você e seu filho participarem da brincadeira.

materiais necessários

CARTÕES DE ANOTAÇÃO OU PEQUENOS PEDAÇOS DE PAPEL E CANETAS

Comece distribuindo para cada jogador, incluindo você, alguns cartões de anotação. Cada um deve escrever uma pergunta sobre a família em um lado do cartão, e a resposta no outro. Se seu filho não sabe escrever, deixe-o desenhar. Se ele estiver tímido, dê algumas dicas para começar: "Qual é a cor dos olhos da mamãe? Quem é a pessoa mais velha da família? Onde guardamos a coleira do cachorro?"

A diversão começa quando a pergunta é respondida. Se apenas vocês dois participarem do jogo, alterne a vez entre perguntar e responder. Se tiver mais jogadores, cada um terá sua chance de competir.

A pessoa poderá escolher qualquer um dos jogadores para fazer a pergunta. Para cada resposta correta, o jogador ganhará 500 pontos. Faça um placar para ver quem sabe mais a respeito da família. Dicas são permitidas e vocês poderão dar até três "chutes" em perguntas mais complicadas. Quando terminar, guarde os cartões em uma caixa de sapatos para brincar num outro dia.

> **Para ficar mais difícil:** expanda as adivinhações, incluindo parentes, vizinhos e amigos.

4

Dia da câmera fotográfica

Fotografias costumam cativar as crianças, especialmente quando elas aparecem nas fotos. No entanto, a maioria das câmeras fotográficas não é adequada para as mãozinhas das crianças. Então, renda-se à curiosidade de seu filho, declarando O Dia da Câmera Fotográfica.

materiais necessários

CÂMERA DESCARTÁVEL

Escolha um dia quente e ensolarado para que seu filho possa tirar fotos tanto fora quanto dentro de casa. Explique como a câmera funciona, quantas fotos ele poderá tirar, e a que distância deve ficar para que a foto saia boa. Então, deixe seu pequeno fotógrafo à vontade.

É provável que você se surpreenda com o que ele queira fotografar. Sugira lugares ou objetos, se ele pedir, mas o melhor mesmo é deixá-lo escolher. Uma boa ideia é começar ao redor da casa, caso ele nunca tenha fotografado antes. Para registrar coisas variadas, leve-o para fora de casa. Combinar o Dia da Câmera Fotográfica com um passeio (ao zoológico, por exemplo) é uma boa maneira de se criar uma lembrança duradoura.

Quando todas as fotos forem batidas, vá a um laboratório fotográfico e peça para o profissional explicar como os negativos são transformados em fotografias. No dia de retirar as fotos, sentem-se e passem uma a uma, relembrando quando e onde cada uma foi tirada. Depois, coloque-as em um álbum ou faça uma colagem (consulte Colagem de Fotos, página 26).

“ **Para ficar mais difícil:** ensine a seu filho o básico sobre composição de fotos antes de estipular o dia de fotografar. Use a sua câmera para tirar fotos parecidas com as dele, comparando-as depois de reveladas.

Para ficar mais fácil: ajude seu filho a tirar as fotos; ele decide o que registrar e você fotografa. ”

5

Alimentador de pássaros

APRESENTAR SEU FILHO À NATUREZA, enquanto ele ainda é bem pequeno, oferece as bases para que ele sempre aprecie o meio ambiente. E não importa se você mora na capital ou no interior, pássaros de várias espécies consideram o seu bairro o próprio lar. Uma maneira fácil de se aproximar deles é construindo um alimentador de pássaros.

materiais necessários

ROLO VAZIO DE PAPEL-TOALHA OU DE PAPEL HIGIÊNICO, LINHA, PAPEL-MANTEIGA, MANTEIGA E ALPISTE

Embora existam muitos tipos de alimentadores, o mais fácil de fazer, principalmente para crianças menores, é o alimentador de rolo de papel. Comece fazendo dois furos, um em cada lado do rolo, mais ou menos a 1 cm da parte de cima. Passe uma linha pelos furos e dê um nó, criando um laço com uma pequena abertura, que servirá para pendurá-lo.

O próximo passo é pedir para seu filho espalhar manteiga por todo o rolo, usando uma faca ou os próprios dedos. Estique um pedaço de papel-manteiga sobre uma mesa e espalhe alpiste por toda a superfície do papel, de maneira uniforme. Deixe que seu filho gire o rolo sobre o papel-manteiga, para a frente e para trás, até que fique totalmente coberto de alpiste. Espete uma vareta no rolo de papel, perto da parte de baixo, para fazer um "galho" para os pássaros se acomodarem. E... *voilà*! Você tem em mãos um banquete saboroso e totalmente biodegradável para os pássaros locais.

Tente pendurar o alimentador perto de uma janela, para que vocês possam ver os pássaros bicando o alpiste. Encontre um guia sobre pássaros na biblioteca e ajude seu filho a identificar maritacas, sabiás e outros tipos de passarinhos que virão em busca de seu alimentador.

Lembre-se, se você vive em clima mais frio, o seu alimentador será uma das principais fontes de alimento dos pássaros, portanto, não se esqueça de repor o alpiste regularmente.

> **Para ficar mais difícil:** faça três alimentadores de pássaros, usando um tipo diferente de semente para cada um. Pendure-os próximos um do outro, e observe que espécie de pássaro prefere determinado tipo de semente.

Para ficar mais fácil: pássaros adoram sementes, portanto, se for muito difícil para seu filho fazer um alimentador de rolo de papel, oriente-o a colocar as sementes em uma tigela, posicionando-a em algum lugar de fácil acesso aos pássaros. ”

6

Máquina do tempo

TODO MUNDO QUER SER LEMBRADO no futuro. Ajude seu filho a deixar um legado duradouro, criando uma máquina do tempo feita de lata de leite.

A primeira coisa a fazer é reunir informações, pequenos objetos e outras bugigangas que seu filho gostaria de colocar na máquina do tempo. Explique que, se ele colocar recortes de jornal ou revista, quem encontrar a máquina do tempo no futuro entenderá como vocês viviam. Sugira que ele inclua uma ou duas fotos da família - peça para ele escrever atrás delas, identificando as pessoas e anotando a data e o local. Ele pode também querer incluir alguma coisa da escola, talvez um comunicado ou alguma lição com a qual ele tenha se destacado.

materiais necessários

LATA DE LEITE VAZIA OU QUALQUER OUTRO RECIPIENTE COM TAMPA, PAPEL DE ANOTAÇÃO, PEQUENOS OBJETOS OU BUGIGANGAS, TRABALHO ESCOLAR, JORNAIS, MOEDAS, SELOS E SAQUINHOS PLÁSTICOS

Uma receita da sobremesa favorita ou uma caixa vazia de cereais também podem ser boas opções. Coloque algumas moedas e selos atuais em um saquinho plástico (para protegê-los do tempo) e inclua-o na máquina do tempo. Conte a seu filho que muita gente coleciona selos e moedas porque eles podem valorizar com o passar dos anos. E caso, no futuro, alguém encontre a máquina do tempo, as moedas e os selos podem estar muito valorizados.

Por fim, peça a seu filho para escrever algumas palavras sobre a família, as brincadeiras favoritas e a vida na escola. Diga a ele que pode incluir na carta previsões para o futuro. Se ele não souber escrever, ajude-o, mas deixe que ele tenha as ideias.

Sele a lata com fita adesiva e escolham um bom local para esconder. Embaixo de uma árvore, um sótão ou qualquer lugar camuflado dentro de casa são ótimos esconderijos. Anote em um bilhete o local onde a máquina do tempo foi escondida, caso você e seu filho queiram procurá-la daqui a vinte anos.

> “**Para ficar mais difícil:** gravações em CDs de vídeo ou de áudio são ótimas para se colocar na máquina do tempo, caso você queira gastar um pouco mais de energia.
>
> **Para ficar mais fácil:** em vez de escrever uma carta, peça para seu filho fazer um desenho dele mesmo.”

7

Faça um jardim

BRINCAR NA TERRA é algo que todas as crianças gostam, principalmente quando não devem. Transforme esse hábito em uma atividade organizada e positiva, planejando e criando juntos um jardim.

materiais necessários

PÁ, SEMENTES, CANTEIRO E VASOS OU FLOREIRAS

Mesmo que vocês morem em um apartamento no meio de uma grande cidade, ainda assim a jardinagem é possível. A primeira coisa a fazer, depois que vocês escolherem um canto no jardim (ou terem comprado floreiras ou vasos), é decidir o que plantar. Como a maioria dos jardineiros dirá a vocês, é melhor começar modestamente, escolhendo três ou quatro tipos de plantas para o primeiro ano. Algumas plantas, como abóbora, *radicchio*, tomate e cenoura crescem mesmo em mãos de amadores. Muitas flores (crisântemos e gérberas, por exemplo) precisam de muito pouco cuidado e ficam especialmente agradáveis em floreiras na janela.

Depois de escolhidas as plantas, certifiquem-se de que o local escolhido para o jardim tenha uma iluminação adequada. A embalagem das sementes que vocês podem comprar em uma loja especializada provavelmente trará a quantidade de sol que a planta necessita.

Não faça o canteiro muito maior do que 1,20 m x 1,20 m. Este tamanho deve ser desafiador o bastante para seu pequeno jardineiro. Deixe seu filho segurar a pá e abrir buracos na terra. Trabalhem juntos para remover a grama do canteiro. Cave cerca de 6 cm de profundidade nas bordas do canteiro, tirando a grama com a pá. Ao retirar as moitas, chacoalhe-as levemente para devolver a terra ao jardim.

A melhor parte, para a maioria das crianças, é revolver a terra. Vocês podem utilizar a pá para fazer isso, ou usar as mãos, o que é muito mais divertido. No final, vocês terão um canteiro com a terra bem solta e macia. Antes de plantar, leia as instruções na embalagem das sementes. Mantenha as sementes bem espalhadas e alinhadas em fileiras.

Cultivar um jardim ensina as crianças a terem paciência e responsabilidade. Visitem o jardim todos os dias para cumprir as diversas tarefas que fazem parte de um plantio: regar, tirar ervas daninhas e podar as plantas. Quando as flores ou as hortaliças brotarem, tire fotos para guardar de recordação. Então, colha-as e aproveite os frutos do trabalho de vocês!

8

Pizzas personalizadas

EMBORA A MAIORIA DAS FAMÍLIAS faça pedidos de *pizza* em uma pizzaria, as crianças adoram fazer a sua própria *pizza*. É a *junk food* absoluta, excelente para um lanchinho ou refeição. Portanto, você pode fazer essa atividade a qualquer hora.

Comece checando o que tem na geladeira. Massa de *pizza* semipronta ou pão de fôrma faz com que o tempo de preparo deste prato seja num piscar de olhos.

materiais necessários

MASSA DE *PIZZA* SEMIPRONTA OU PÃO FRANCÊS OU PÃO DE FÔRMA. RECHEIOS: MOLHO DE TOMATE, QUEIJO, ORÉGANO E FRIOS

Quando você tiver espalhado o molho na massa de *pizza*, deixe seu filho acrescentar o recheio que ele preferir. Está sem os recheios padrões, como calabreza, *champignon* ou azeitonas verdes? Sem problemas. Tente fazer uma *pizza* do tipo taco mexicano, com feijão frio e carne moída apimentada. Salsicha ou salame fatiados; milho e ervilha enlatados, bem como tomates fatiados, também são uma boa pedida. Não se esqueça de cobrir tudo com queijo. Depois disso, leve ao forno até que o queijo esteja derretido (200ºC, de 7 a 15 minutos, dependendo do recheio).

É uma ótima ideia fatiar alguns legumes, cortar o queijo em pedacinhos e preparar a carne moída ou a salsicha antes que vocês comecem a cozinhar, assim seu filho não passará muito tempo brincando com a comida. Essa *pizza* será um banquete simples que seu filho vai adorar, especialmente porque ele mesmo fez.

Enquanto vocês esperam a *pizza* ficar pronta, peça a seu filho para ajudá-lo a limpar toda a bagunça, assim, quando o *timer* tocar, não haverá nada para fazer além de se deliciar com a *pizza*.

> “ **Para ficar mais difícil:** se você for empreendedor, faça uma massa caseira. As receitas variam, mas os ingredientes básicos são farinha, fermento, água e sal. Você também pode fazer uma *pizza* doce, coberta com chocolate, leite condensado, doce de leite ou geleia. ”

9

Colagem de fotos

A MAIORIA DAS CASAS tem caixas com fotografias sortidas dentro do armário. Elas trazem a memória dos eventos familiares, das festas de aniversário, das atividades esportivas e dos dias de estreia de uma roupa nova. A maior parte dessas fotos, no entanto, fica de lado assim que é revelada, e raramente é vista de novo.

materiais necessários

FOTOGRAFIAS, TESOURA, MURAL, MOLDURA PARA FOTOS E FITA ADESIVA

Quando você desenterra essas fotos para procurar algo específico ou se lembrar de alguma coisa, as crianças adoram espiar por sobre seus ombros e ouvir histórias de cada uma delas. Para dar a seu filho a chance de fazer algo criativo e divertido, da próxima vez que passar pelas fotos, planeje fazer uma colagem.

Primeiro, libere espaço numa mesa ou num canto do chão. Então, estique nesta área uma folha de cartolina ou qualquer outro material mais espesso. Se você tem planos de criar um projeto mais elaborado, emoldurando a colagem, corte a cartolina no tamanho da moldura. Espalhe as fotos dentro da área de trabalho. Encoraje seu filho a mexer na pilha de fotos e a escolher as que mais chamarem a atenção dele.

Deixe-o usar uma tesoura sem ponta para cortar as partes mais interessantes das fotos. Enquanto ele recorta cada foto, vá colocando as prontas sobre a cartolina, tentando preencher todo o papel. Não precisa ser um artista profissional para fazer um bonito *layout*. Deixe seu filho dar uma olhada e fazer qualquer mudança que achar necessária.

Quando vocês tiverem terminado a montagem, levante cada foto e coloque a fita adesiva por trás delas, pressionando-a depois contra a cartolina. Se for usar moldura, coloque-a e... *voilà*! Vocês acabaram de criar uma bela recordação - ainda mais especial porque fizeram juntos.

“ **Para ficar mais difícil:** acrescente legendas engraçadas ou balões com falas em cada foto. Muitos laboratórios de fotografia ou papelarias vendem adesivos em branco no formato de balões.

Para ficar mais fácil: se seu filho for muito pequeno para usar tesouras, você pode recortar as fotos para ele ou comprar um álbum de fotografias para que ele o preencha com as fotos. ”

10

Desmontando

MUITOS GAROTOS vibram com a ideia de desmontar coisas, especialmente aparelhos eletrônicos. Da próxima vez que você comprar um novo telefone, relógio ou rádio, deixe seu filho explorar as vísceras do antigo. Tire o aparelho da tomada, remova a parte externa com uma chave de fenda, e deixe que seu filho mexa dentro. Sem dúvida, ele vai encontrar inúmeras peças fascinantes para consertar.

De pequenos parafusos e visores digitais a interruptores, as peças da maioria dos aparelhos modernos são pequeninas, coloridas e numerosas. Em outras palavras, a distração perfeita para seu filho. Se você souber um pouco de eletrônica, explique a ele o que cada peça faz e como elas trabalham juntas para que o aparelho funcione, seja informando as horas, tocando músicas ou permitindo que você converse com um amigo no outro lado da cidade. Se o aparelho que você está desmontando tem um motor elétrico, mostre a seu filho como funciona, colocando as pontas do fio em uma pilha. Ímãs, molas e embreagens também são divertidas para usar como experimentos.

materiais necessários

APARELHOS ELETRÔNICOS ANTIGOS, CHAVE DE FENDA E ALICATE

Quando a curiosidade de seu filho estiver satisfeita, guarde as partes que estiverem funcionando para projetos futuros. Se ele mostrar interesse particular por alguma peça específica do aparelho, consulte um livro na biblioteca para aprender um pouco mais sobre ela.

E cuidado: alguns componentes eletrônicos podem conter toxinas, portanto, não abra peças pequenas, e lave as mãos cuidadosamente depois de manuseá-las.

“ **Para ficar mais difícil:** depois de desmontado, tente montar o aparelho novamente.

Para ficar mais fácil: as crianças menores adoram desmontar brinquedos. Encontre um brinquedo quebrado e desmonte-o, usando um alicate se precisar. ”

11

Café da manhã na cama

NÃO TEM NADA MELHOR do que acordar e tomar café da manhã na cama. É um prazer fácil de ser proporcionado, que tanto as crianças quanto os adultos adoram. O melhor de tudo é que é uma maneira econômica e comovente que seu filho terá para demonstrar carinho a alguém. Pode ser no Dia das Mães, no Dia dos Pais ou no aniversário do vovô; seu filho ficará orgulhoso por ter ajudado a preparar uma refeição tão deliciosa.

materiais necessários

MISTURA PARA PANQUECAS, LEITE, SUCO, FRUTAS, BANDEJA, TALHERES, PRATOS E FLORES

Não existe nenhuma regra que diga que o café da manhã tenha de ser chique. Uma refeição simples é muitas vezes a melhor escolha, e panquecas são uma opção bem fácil. Compre sua mistura de panquecas favorita e siga as instruções da caixinha. Deixe que seu filho misture os ingredientes e coloque a mistura na frigideira. A menos que ele tenha idade suficiente, o melhor é que você mesmo prepare as panquecas.

Enquanto elas estão sendo feitas, peça para seu filho preparar a bandeja. Esta é a parte mais importante ao servir o café da manhã na cama, já que o segredo está na maneira como ele é apresentado. Use talheres bonitos e um prato especial. Acrescente um acompanhamento ao prato principal, como uma fatia de melão ou uma laranja descascada. Sugira que seu filho dobre um guardanapo de tecido para colocar na bandeja, e ponha geleia e mel em pequenos potes, como se faz nos restaurantes. Adicione um saleiro e um pimenteiro, se combinar com o prato que você for servir, e não se esqueça do leite e do açúcar, caso você sirva café. Se tiver um jardim em casa, colha algumas flores para dar o toque final.

Você provavelmente terá de carregar a bandeja, mas peça para seu filho fazer o "despertar oficial", anunciando a sua entrada. O café da manhã não é o mesmo quando se toma sozinho, então faça o suficiente para você e seu filho também. Dessa forma, todos podem tomar café da manhã juntos na cama! E não se esqueça de incluir seu filho na hora da limpeza.

> “**Para ficar mais difícil:** use um livro de receitas e crie um café da manhã *gourmet*. Omeletes e ovos beneditinos são boas opções para experimentar.
>
> **Para ficar mais fácil:** torradas com geleia ou *cream cheese* são refeições que qualquer um sabe preparar.”

12

Coleção de insetos

Garotos gostam de insetos. Eles adoram capturar, colecionar e examinar criaturas assustadoras e rastejantes, borboletas, gafanhotos e joaninhas, enfim, todas essas espécies da natureza. Pense como uma criança por algumas horas e junte-se a seu filho na caça ao inseto perfeito.

materiais necessários

UM POTE DE VIDRO COM TAMPA E FACA OU TESOURA

Uma das primeiras coisas que você vai precisar ao sair à caça de um inseto é de um recipiente para guardar as criaturas capturadas. Qualquer pote de vidro com tampa serve. Faça alguns furos na tampa com uma tesoura ou faca para que o ar possa circular dentro do pote. Então, vá para a rua e comece a aventura!

Coloque um pouco de terra, folhas e galhos dentro do pote. Muitos insetos se escondem embaixo de pedras, na terra ou ainda embaixo de pedaços de madeira em decomposição. Provavelmente, vocês encontrarão minhocas, tatus-bola, formigas e aranhas. Se vocês tiverem sorte, poderão ver um grilo ou um gafanhoto.

Pegar esses insetos nem sempre é uma tarefa fácil. Lagartixas, besouros, tatus-bola, joaninhas e minhocas provavelmente serão a melhor opção. Algumas criaturas podem morder ou picar, portanto, tenha certeza de que elas são inofensivas antes de se aproximar ou pegá-las. É difícil capturar uma borboleta sem uma rede, mas é muito melhor vê-la flutuando livremente pelo jardim do que parada em um galho ou dentro de seu pote de vidro. Quando vocês tiverem capturado um inseto, passem uma ou duas horas examinando os hábitos dele na nova casa. Explique a seu filho como cada inseto tem seu papel na natureza, seja para revolver a terra, polinizar as flores ou comer outros insetos mais perigosos.

Antes que vocês voltem para dentro de casa, diga a seu filho para soltar o inseto, abrindo a tampa do pote e colocando-o gentilmente na grama. Ao fazer isso, você mostrará a ele como respeitar e amar a natureza.

13

Coleção de histórias da família

A HISTÓRIA DA SUA FAMÍLIA pode ser tão importante quanto as que seu filho lê nos livros da escola. Ajude-o a reconhecer e apreciar as relações com todos os parentes, fazendo uma coleção especial das histórias da família.

Planeje essa atividade de acordo com o desejo de seu filho. Pode ser um projeto contínuo, no qual vocês trabalhem juntos sempre que ele tiver vontade de desenhar ou escrever. Pode ser também um presente muito legal para os avós, os primos ou até mesmo para familiares mais próximos (mãe ou irmãos).

materiais necessários

PAPEL, CANETA, GIZ DE CERA, CANETA MARCA-TEXTO E PERFURADOR DE PAPEL LINHA OU ESPIRAL

Comece o projeto abrindo espaço na mesa e espalhando ali canetas, gizes de cera e papéis para seu filho usar. Encoraje-o a fazer um desenho retratando as recordações favoritas dele - pode ser uma viagem de férias, um jogo de futebol com os primos ou a festa de aniversário do ano passado. Se ele souber escrever, poderá incluir uma descrição do evento em algum lugar do desenho ou na parte detrás da folha. Ele ainda é muito pequeno até para assinar o nome? Ajude-o, escrevendo o que ele ditar para você. Quando o trabalho do dia estiver pronto, guarde a história ou o desenho em uma caixa.

Aumente a coleção sempre que seu filho tiver vontade ou quando você estiver procurando uma atividade para fazerem juntos. Se quiser, você também pode contribuir com a história da família, contando a seu filho algumas de suas lembranças favoritas para ele acrescentar ao projeto. Tente encontrar fotos de suas histórias e mostre-as a seu filho para que ele possa ilustrá-las.

Em determinado momento, seu filho terá uma coleção da história da família. Preserve a coleção, plastificando-a; e mantenha as páginas juntas usando uma linha ou uma espiral. Faça fotocópias para enviar a parentes distantes e amigos. A coleção ensinará a seu filho um pouco de sua própria origem, sendo algo que ele poderá mostrar orgulhosamente nas reuniões de família.

“**Para ficar mais difícil:** adicione fotos ou outras lembranças às páginas para fazer um autêntico álbum de colagens.”

14

Instrumentos musicais

CRIANÇAS ADORAM FAZER BARULHO, seja batendo panela ou apertando as teclas do piano da família. Desperte o músico que existe em seu filho, ajudando-o a fazer os seus próprios instrumentos.

materiais necessários

LATAS DE LEITE VAZIAS, FEIJÕES, GARRAFAS DE REFRIGERANTES VAZIAS E COPOS COM ÁGUA

Um dos instrumentos musicais caseiros mais harmônicos que existe é o copo com água. Arrume vários copos (taças de vinho são mais indicadas) e encha-os de água, em diferentes níveis. Peça para seu filho mergulhar o dedo na água, e então passe o dedo dele na borda do copo. Quando a água começar a se movimentar, um som agradável virá do copo. Cada copo fará um som diferente.

Garrafas podem ser o segundo instrumento da banda de seu filho. Comece com uma garrafa vazia - qualquer garrafa serve. Peça para seu filho pôr os lábios no bocal da garrafa e assoprar. Isso produzirá um pequeno zunido.

Depois, coloque água na garrafa e observem como o som muda. Arrume três garrafas com níveis diferentes de água e sugira a ele que toque uma canção, assoprando alternadamente as garrafas.

Talvez o instrumento mais fácil de ser feito em casa seja o de percussão. Latas de leite com tampa de plástico transformam-se em ótimas baterias. Adicione feijões, tampe e você terá um maracá.

Quando seu filho tiver "praticado" com os três instrumentos, junte-se a ele para um concerto. Coloque todos os instrumentos sobre a mesa da cozinha, decida quem vai tocar o quê e escolha uma canção conhecida para tocar. Quando você menos esperar, as gravadoras estarão batendo à sua porta.

> "**Para ficar mais difícil:** uma escala musical é composta de oito notas. Usando um piano ou outro instrumento como um guia para os sons, mantenha seu filho atento para criar uma escala a partir das oito garrafas com níveis diferentes de água.
>
> **Para ficar mais fácil:** muitos itens de cozinha, como panelas e colheres, viram instrumentos excelentes para músicos pequeninos."

15

Jornal da família

SEU FILHO provavelmente não lê o jornal com você nas manhãs de sábado, mas com certeza ele o observa e tem uma ideia do que você está fazendo. Ajude-o a criar gosto pela leitura dos acontecimentos recentes, criando um jornal da família.

> **materiais necessários**
>
> BLOCO DE NOTAS, CANETAS, PAPEL E COLA

A melhor parte dessa atividade é que seu filho desempenhará o papel de editor, repórter, diagramador e impressor durante o processo de criação do jornal. Primeiro, sentem-se e folheiem um ou dois jornais para ver a diagramação e as manchetes, observando como elas são feitas para chamar a atenção. Depois disso, inventem um título para o jornal de vocês; pode ser, por exemplo, *Gazeta da Família* ou *Tribuna da Casa Azul*. Quando vocês estiverem prontos, vistam a camisa do editor.

Como editor, seu filho deverá decidir quais histórias irão entrar na edição do jornal. Os editores, normalmente, dão ideias sobre histórias, enviando depois seus repórteres para colher as informações de suas fontes. Há alguma novidade na casa? Um bichinho de estimação, um novo eletrodoméstico ou brinquedo? Algum membro da família fez alguma coisa interessante recentemente, como receber nota dez na escola, fazer um novo amigo ou limpar o quarto? Existe algum evento importante se aproximando, como aniversário, férias ou a chegada de um bebê?

Quando você tiver uma listinha substancial, deixe que seu filho escolha quatro ou cinco assuntos que ele achar mais interessantes. Escreva cada história no topo de uma página do bloco de notas. Então, envie seu pequeno repórter para coletar as informações de cada um dos tópicos escolhidos por ele. Mencione as cinco perguntas básicas (quem, quando, onde, como e por quê), para que seu filho tenha um ponto de partida para as investigações. Sugira que ele tome nota para se lembrar mais facilmente do que aprendeu.

Use as informações que ele coletou para criar boas matérias. Comece com os fatos mais básicos e relevantes, preenchendo os detalhes anteriores (quem, quando, onde etc.) em ordem de importância. Depois de terminar essa parte, decidam como as histórias serão diagramadas - as mais legais ficam na capa. Digite as histórias no computador ou peça para seu filho escrevê-las em uma folha branca, com letra bem caprichada. Certifique-se de que o texto esteja escrito em colunas (do tamanho da metade da folha). Então, recorte cada história e deixe que ele as arrume de maneira artística sobre um papel sulfite. Cinco histórias devem preencher mais ou menos duas páginas. Não se esqueça de deixar espaço para os títulos chamativos. Se você preferir, poderá recortar letras de jornais velhos, usando-as para fazer as suas manchetes. Cole tudo no lugar e... pronto! Nasceu o jornal da família.

Faça cópias para que os amigos e a família possam apreciar o trabalho de seu filho.

> “**Para ficar mais fácil:** se seu filho ainda não sabe escrever, peça para ele ditar as histórias para você. Afinal de contas, no passado, repórteres costumavam ditar as matérias para os editores, que eram, de fato, quem as escreviam.”

16

Milk-shake caprichado de verão

PARA APRECIAR UMA SOBREMESA GOSTOSA de verão, sem ter de fazer uma viagem à sorveteria, prepare *shakes* de frutas para tomar após um árduo dia de brincadeiras ao sol.

materiais necessários

LIQUIDIFICADOR, FRUTA, GELO, LEITE, IOGURTE, COPOS E CANUDOS

Comece escolhendo o tipo de fruta que vocês gostariam de usar no *shake*. Algumas sugestões são: bananas, pêssegos, morangos, mirtilos (também conhecidos como *blueberries*) ou melões. Você também precisará de leite, iogurte ou, se preferir, sorvete de baunilha ou creme. Se você usar uma fruta madura ou congelada, o *shake* provavelmente ficará doce, podendo talvez dispensar o açúcar. Mas se você quiser deixá-lo superespecial, adicione pedaços de *cookies* ou de gotas de chocolate.

Disponha os ingredientes sobre a mesa e deixe que seu filho os escolha. Explique a ele que as frutas são parte importante da alimentação de todo mundo, incentivando-o a acrescentar bastante. Depois disso, peça para seu filho pegar cubos de gelo no *freezer*, e coloque-os dentro do liquidificador. Corte a fruta escolhida em pedaços - uma banana, um pêssego, metade de um melão ou uma xícara de mirtilo (ou qualquer combinação parecida) - e coloque-os também no liquidificador. Acrescente uma xícara de leite, ou metade de uma xícara de leite e a outra metade de iogurte ou sorvete.

Tampe o liquidificador e deixe seu filho bater, começando com uma velocidade baixa e terminando com uma alta. Bata até que a mistura fique homogênea. Se você for acrescentar *cookies* ou gotas de chocolate, coloque-os agora, batendo na velocidade baixa por alguns segundos para misturar bem.

Sirva o *shake* em copos altos e ponha um canudo para ficar mais gostoso de tomar. Faça um brinde ao verão!

17

Caixa registradora

ENSINAR A SEU FILHO o valor do dinheiro é algo que você deve ter em mente assim que ele perceber que moedas deixadas em um pote não são meros objetos. Quando ele aprender a contar, guardar as notas em lugares secretos e perguntar como faz para conseguir mais, comece a instruir o seu filho como "gerenciar" o dinheiro.

materiais necessários

CAIXA DE SAPATOS, CARTOLINA, TESOURA, CANETA E ETIQUETAS EM BRANCO

Isso não precisa ser um projeto complexo, envolvendo explicações sobre a importância de economizar agora para pagar a faculdade mais tarde. Seu filho provavelmente terá dificuldade de imaginar um futuro tão distante, portanto, é melhor fazê-lo da forma mais simples possível. Construa em casa uma caixa registradora, que possa ser guardada na estante ou embaixo da cama.

Pegue uma caixa de sapatos e crie três compartimentos usando dois pedaços de cartolina como separadores, fazendo cada seção ocupar um terço da caixa. Ponha a tampa de volta na caixa e abra três cortes grandes o bastante para inserir moedas e notas, um para cada compartimento. Depois, insira uma etiqueta em branco acima de cada abertura e dê nome a elas: “Agora (curto prazo)”, “Ano que vem (longo prazo)” e “Caridade”. Se você quiser ser mais criativo, deixe seu filho decorar a caixa com símbolos monetários e moedas de diferentes países.

Quando a sua caixa registradora estiver pronta, ensine a seu filho para que serve cada compartimento. O compartimento de longo prazo, similar a uma poupança, deve sempre receber dinheiro, que não pode ser usado até que ele tenha economizado o suficiente para poder comprar algo especial, como uma bicicleta ou um presente para alguém. O compartimento de curto prazo guarda o dinheiro que ele pode gastar imediatamente, para comprar figurinhas, doces ou pequenos brinquedos. O compartimento de caridade deve conter o dinheiro que ele gostaria de doar, por exemplo, para causas que valham a pena, como organizações sem fins lucrativos que dão suporte a famílias carentes.

Depois, vocês devem decidir juntos a quantidade de dinheiro que colocarão em cada compartimento. Seu filho deve aprender que, para economizar dinheiro com sucesso, isso precisa se tornar um hábito. A parte mais importante dessa atividade é que ele deve contribuir com cada compartimento, já que ele mesmo administrará o dinheiro. É interessante fazer que seu garoto estabeleça metas para o dinheiro que guardará no compartimento de longo prazo. Se não, ele pode não ficar muito disposto a acrescentar dinheiro naquela seção. Encoraje seu filho a usar a caixa registradora, oferecendo "juros" para o compartimento de longo prazo.

> **Para ficar mais difícil:** pense em acrescentar um quarto compartimento chamado "Contribuição Familiar", com o qual seu filho poderá ajudar a pagar um evento especial em família, como um jantar fora ou uma atividade noturna com toda a galera. Parecido com o compartimento de caridade, este também mostrará a ele que a partilha traz prazer tanto para os outros quanto para ele mesmo.
>
> **Para ficar mais fácil:** se seu filho for muito pequeno para compreender o conceito de dinheiro, inicie uma caixa registradora para ele, ou peça para ele juntar alguns trocados em um cofrinho, usando o dinheiro guardado para comprar coisas que ele queira.

18

Aviões de papel

FAZER AVIÕES DE PAPEL é uma atividade essencial para garotos, além de ser uma maneira excelente de se divertir e, ao mesmo tempo, aprender um pouco sobre aerodinâmica. Aviões de papel têm algumas características importantes em comum com seus similares a jato, como seu filho verá assim que ele começar a decolar sua esquadrilha. Entre as semelhanças estão a importância das asas largas para manter o avião no alto e um *design* leve para fazê-lo cortar o ar.

Comece com um *design* básico. Pegue uma folha de papel sulfite e dobre-a ao meio. Abra a folha novamente sobre uma mesa. Segure uma das pontas e dobre-a, de modo que a lateral do papel fique exatamente em cima da marca da primeira dobra. Dobre a outra ponta do mesmo modo, formando um bico que será o "nariz" do avião.

materiais necessários

FOLHA DE PAPEL E (OPCIONAL) CLIPE DE PAPEL, CANETINHA E GIZ DE CERA

Em seguida, dobre as duas pontas iguais que se formaram em direção à mesma marca da dobra inicial, repetindo o procedimento anterior. Com isso, o bico do seu avião deve ficar mais pontudo. Depois, dobre o papel ao meio, refazendo a dobra inicial, de modo que todas as dobras anteriores fiquem para dentro.

Agora, faça uma dobra de modo que os lados maiores do papel se toquem, o que formará uma das asas do avião. Repita o procedimento do outro lado, para formar a outra asa. Agora, afaste as asas do corpo do avião e você está pronto para voar! Segure o avião perto do "nariz" e arremesse-o suavemente.

Você pode alterar o voo adicionando peso ao "nariz" do avião, usando um clipe de papel ou alterando a forma como a asa é dobrada. Experimente, para ver o que funciona melhor. Complete sua esquadrilha decorando os aviões com canetinha e giz de cera.

> **Para ficar mais difícil:** inclua um aspecto competitivo à aventura com os aviões de papel, organizando um campeonato para ver qual avião consegue ficar no ar por mais tempo, ou qual deles voa mais longe.

Para ficar mais fácil: garotos muito jovens podem não conseguir dobrar nem fazer o avião voar. Deixe que eles participem da diversão nomeando-os *designers*-chefes. ”

19

Tome partido

SER CAPAZ DE EXPRESSAR OPINIÕES de maneira direta e positiva é uma ótima habilidade para todo mundo. Embora o cotidiano de seu filho seja provavelmente limitado ao bairro e à escola, acontecimentos em outros locais da cidade, em outra região ou em outro país também podem afetá-lo. E mesmo se ele for muito novo para ler jornal, terá opiniões sobre os assuntos mais importantes. Incentive seu filho a expressar as ideias dele por escrito.

materiais necessários

PAPEL E CANETA (CASO NÃO FOR USAR COMPUTADOR)

Explique a ele que escrever para uma pessoa no poder, seja um político local ou o presidente do país, é um recurso excelente para os cidadãos serem ouvidos. Comece aos poucos. Por exemplo, se seu filho gostar de algum restaurante em particular, diga a ele que o dono do estabelecimento provavelmente gostaria de ouvir os comentários dele. Ajude-o a compor a carta, ou escreva em seu lugar, caso ele ainda não saiba escrever. Depois, deixe que ele preencha o endereço no envelope, cole o selo e coloque a carta no correio. Há chances de que seu filho receba uma resposta em breve, agradecendo pelos comentários. Se ele tiver sorte, a carta poderá até ser emoldurada e colocada no restaurante para que os clientes vejam.

Quando ele tiver notado o efeito que pode ter uma carta, encoraje-o a abordar assuntos mais amplos. Seu filho gosta de deitar e rolar no *playground* da praça? Sugira que ele escreva para a prefeitura, dizendo como gosta de brincar lá. Se o lugar precisar de mais balanços ou de um espaço de areia maior, ele poderá incluir esse pedido na carta. Explique que nem sempre ele vai receber uma resposta, mas isso não significa que ele não deve se esforçar. E se seu filho for realmente ambicioso, escrever para o jornal local é sempre uma ótima forma de expressar opiniões.

Essa atividade vai ensinar a seu filho que uma caneta é mais poderosa que uma espada.

20

Geleca

MASSA GOSMENTA E GRUDENTA, que criança não adoraria brincar com algo que pudesse ser descrito com essas palavras? Essa substância incrível dará a você e a seu filho horas de diversão.

Para evitar uma bagunça muito grande, espalhe jornais no chão, ao lado da mesa da cozinha. Depois disso, certifique-se de que a mesa está limpa, não tendo nada que possa ser sujo de meleca. Pegue duas tigelas e, em uma delas, coloque uma xícara de água. Acrescente algumas gotas de corante de alimento e deixe seu filho mexer. Então, em outra tigela maior, acrescente cerca de 200 g de maisena. Dê a seu filho uma colher e deixe que ele comece a misturar. Vá acrescentando mais água, devagar, e peça para ele continuar misturando. Se você quiser que a consistência da substância seja mole o bastante para que escorra quando você virar a tigela,

materiais necessários

AMIDO DE MILHO (MAISENA), ÁGUA, CORANTE PARA ALIMENTO, DUAS TIGELAS, ESPÁTULA E JORNAL

mas dura quando você bater com uma colher, não há necessidade de adicionar a xícara inteira de água.

A beleza dessa atividade é que a geleca exibe propriedades tanto líquidas quanto sólidas. Derrame-a sobre a mesa e você notará que parece igual a um melado, enquanto escorre da tigela. Se você colocar a colher ou o dedo nela, no entanto, a geleca ficará dura imediatamente. Como você deve imaginar, brincar com isso vai trazer horas de encantamento a seu filho.

Peça para ele colocar as mãos sobre a mesa, com os dedos espalhados. Rapidamente, vire a tigela com a geleca a uns 15 cm da mão dele. A substância viscosa escorrerá em um filete longo e pegajoso até alcançar os dedinhos dele e também a mesa. Assim que chegar à mesa, começará a escorrer para as bordas. Pare-a com uma espátula e observe-a ficando dura e porosa. Depois de alguns momentos, no entanto, ela voltará à forma líquida e escorrerá pela sua espátula.

Tente fazer bolas, panquecas e outros formatos com ela, ou invente novos experimentos. Quando a diversão acabar, guarde a geleca restante em um pote com tampa dentro da geladeira.

Cuidado: não derrame a geleca no ralo. Apesar de não ser tóxica, não deixe que seu filho coma a substância.

21

Guerra de água!

NENHUMA PISCINA À VISTA para colocar as pontas dos pés em um dia de verão escaldante? Então, arrisque uma guerra de água. Coloquem suas roupas de banho, lambuzem-se de protetor solar e rumem para o quintal para horas de farra refrescante.

Não importa que seu quintal seja pequeno, espirrar água com uma mangueira é uma diversão garantida para as crianças. As clássicas armas de seringa são uma atração para os mais novos, e mais baratas, impossível. Está sem tempo de ir à loja para comprar os equipamentos? Use embalagens de detergente vazias e limpas, ou de *sprays*, para espirrar um no outro. Transforme o jogo num desafio, limitando o alvo a determinadas partes do corpo, como os pés ou o cotovelo.

materiais necessários

ARMAS DE SERINGA, EMBALAGENS DE *SPRAY*, MANGUEIRA, PULVERIZADOR DE ÁGUA E BALÕES

Balões com água também são bem divertidos. Tentem arremessar de um para outro, alternadamente, dando um passo para trás toda vez que um de vocês atirar. Em determinado momento, alguém vai derrubar e ficar encharcado! Quando vocês tiverem jogado bastante, enxuguem-se e relaxem na sombra com um copão de limonada.

> **Para ficar mais difícil:** faça um campeonato para ver quem consegue atirar água mais longe usando uma bisnaga ou uma arma de seringa.

22

Ao mercado

Normalmente, os pais acham mais fácil fazer compras quando deixam os filhos em casa. Mas nem sempre eles podem se dar a esse luxo. Para fazer das compras uma expedição divertida para você e para seu filho, é preciso envolvê-lo no processo. Você ficará assombrado de ver como ele se comporta bem quando tem alguma coisa para fazer.

materiais necessários

DINHEIRO, CANETA E PAPEL

Antes de ir ao supermercado, peça para ele ajudá-lo a fazer uma listinha dos itens necessários. Se seu filho souber escrever, deixe que ele mesmo faça a lista. Então, repasse as tarefas e descubra quais itens podem ser carregados por ele sem muita dificuldade. Quando chegar ao mercado, dê a lista para ele, deixando algum dinheiro no bolso dele. Então, comecem do alto da lista e sigam em frente. A menos que o produto esteja muito alto na prateleira, deixe que seu filho coloque-o no carrinho. Ajude-o a comparar os preços e a escolher as marcas que a sua família prefere.

Se precisar de alguma coisa do açougue, sugira que seu filho peça. Mostre a ele como checar os ovos para ver se não estão quebrados e como conferir a embalagem para se certificar de que o alimento está fresco. Quando você chegar ao caixa, ajude seu filho a descarregar os produtos, e deixe ele pagar as compras, acrescentando o dinheiro que falta. Não se esqueça de agradecer a ajuda.

Não fique surpreso se seu filho ansiosamente oferecer ajuda da próxima vez que você precisar ir ao supermercado.

23

Hóquei de mesa

materiais necessários

TRÊS MOEDAS DE 25 CENTAVOS

LANCHONETES E RESTAURANTES de bairro são lugares perfeitos para um jogo de hóquei de mesa enquanto vocês aguardam chegar a comida. O sucesso é garantido para aqueles que têm pouca coordenação, mas espírito competitivo. Tenha certeza de abrir espaço na mesa entre copos, talheres e afins.

Embora o jogo possa começar com qualquer moeda, as de 25 centavos são as melhores. Aqueçam fazendo algumas jogadas. Arrume as três moedas no formato de uma pirâmide invertida, com a ponta em direção ao jogador. Então, acerte a ponta do dedo indicador na moeda mais próxima a você. As outras duas moedas serão atiradas para o meio da mesa. Quanto mais forte você acertar a primeira moeda, mais longe as outras duas irão.

Deixe seu filho treinar essa manobra, até que ele consiga fazê-la com facilidade. O próximo passo é fazer que seu filho crie uma “trave” no lado dele da mesa, colocando as duas mãos retas sobre a mesa, com os dois polegares estendidos. Ele deve tocar a ponta dos polegares uma na outra, criando uma caixa com a parte da frente aberta (em formato de U). Peça para ele colocar os polegares na beirada da mesa, posicionando a “trave” na sua direção.

A próxima fase do jogo é mover o “disco” ao longo do “gelo”. Comece montando a pirâmide invertida. Então, acerte a moeda mais próxima a você para que ela bata nas outras duas. Depois, com o seu dedo indicador, avance o “disco” (a moeda mais próxima a você), fazendo-o passar por entre as outras duas moedas, sem encostar nelas. A moeda mais próxima a você agora se torna o “disco”. Faça-o passar novamente entre as outras duas moedas, e assim por diante, até que você tenha cruzado a mesa toda. Assim que você estiver perto das traves, acerte o “disco”, passando-o pelas outras duas moedas, em direção ao gol. Golaço!

A vez passa para o outro jogador se o disco de quem está chutando tocar as outras duas moedas, ou se alguma moeda cair da mesa.

> “ **Para ficar mais difícil:** diminua o tamanho do gol, posicionando seus polegares lado a lado, em vez de um tocando a ponta do outro. ”

24

Caça ao tesouro

Ainda que sejam apenas você e seu filho ou um grupo de crianças em uma festa de aniversário, participar de uma caça ao tesouro é sempre uma diversão e tanto. Descobrir e decifrar pistas ajudam seu filho a desenvolver habilidades valiosas para solucionar problemas de maneira prazerosa e alegre.

materiais necessários

PAPEL, CANETA E TESOURO

Crie as pistas com antecedência e prepare o jogo antes que seu filho esteja por perto. As pistas devem ser relativamente simples. Se elas forem muito desafiadoras, ele ficará frustrado e perderá o interesse pelo jogo. Tente esconder as pistas nos lugares mais comuns, como a caixa do correio, embaixo do sofá ou dentro da geladeira. Cada pista deve levá-lo diretamente para o próximo esconderijo. Se você tiver tempo, desenhe um mapa com um "x" marcando o lugar onde o tesouro está enterrado. O mapa deve ser a última pista, assim seu pequeno explorador se divertirá em busca do tesouro. É bom ter em mente uma ou duas dicas, caso ele fique travado em algum ponto. Quando ele encontrar o tesouro (pode ser um doce ou um pequeno brinquedo), sugira a ele que divida com você ou com os primos.

Jogando com um grupo de crianças? Separe-os em times e garanta que haverá tesouro escondido para todos. Para mudar um pouco, ajude seu filho a preparar e a esconder as pistas. Ele terá prazer tanto em assistir alguém se esforçando para descobrir as pistas quanto caçar o tesouro ele mesmo.

25

Pochete para apetrechos

Garotos crescem tão rapidamente que suas roupas ficam pequenas antes mesmo que se gastem. Da próxima vez que seu filho ficar maior do que as calças, recicle-as, fazendo uma pochete para guardar apetrechos.

materiais necessários

CALÇAS VELHAS, TESOURA, AGULHA, LINHA, CANETINHAS E AVIAMENTOS

Pode ser qualquer tipo de calça, mas *jeans* são mais indicadas. Coloque a calça na mesa e desenhe, com uma canetinha, uma linha de um lado ao outro de uma das pernas, cerca de 30 cm acima da bainha. Deixe seu filho cortar a perna da calça, seguindo a marca. Quando ele terminar, vire o cano da calça pelo avesso. Coloque uma linha resistente na agulha e dê um nó no fim para prendê-la. Se ele tiver idade suficiente, faça uma demonstração de como costurar alguns pontos e deixe que ele faça o resto. Costure o cano da calça (deixando a parte da bainha aberta). Então, vire o lado.

Quando a pochete estiver pronta, corte uma tira fina de cerca de 30 cm de comprimento da parte que sobrou da perna da calça. Com poucos pontos, costure a tira na bolsa, a cerca de 5 cm da parte aberta. Isto será o fecho da pochete.

Usando caneta para tecido, cola, feltro, contas, botões ou tinta, peça para seu filho decorar a pochete da maneira que ele quiser. Então, ela estará pronta para guardar e proteger a coleção de pedras dele, os carrinhos de brinquedo ou qualquer coisa que seja de valor para ele.

“**Para ficar mais difícil**: se seu filho for habilidoso com a agulha, peça para ele colocar botões ou zíper no topo da bolsa, em vez do fecho de tecido. Assim, ela ficará um pouco mais caprichada.”

26

Flocos de neve

NÃO IMPORTA SE VOCÊ mora no norte ou no sul, neve é algo que as crianças adoram. Os flocos brancos e fofinhos que caem do céu podem transformar-se em bolas de neve, bonecos de neve e superfícies perfeitas para andar de trenós. Se ainda não for a época da neve ou se ela não existe onde você vive, faça a sua própria, criando flocos de neve de papel.

Comece cortando uma pilha de papel em quadradinhos. Depois, pegue uma folha e dobre-a, formando um triângulo. Dobre o triângulo ao meio. Então, deixe que seu filho corte diferentes formatos a partir dos três lados. Tente cortar formatos diferentes, tais como octaedros (forma de diamante) e retângulos. Deixe que ele use um furador de papel para fazer círculos no meio do triângulo. Quanto ele tiver terminado, desdobre o papel e admire os flocos de neve que ele fez. Explique a ele que nenhum floco de neve que cai do céu é igual ao outro. Cada um é único, como os que ele acabou de fazer. Para ter mais diversão, dobre o papel mais de duas vezes antes de cortar.

materiais necessários

PAPEL, TESOURA, ITENS DECORATIVOS, FURADOR DE PAPEL E LINHA

Decorar os flocos de neve é tão atraente quanto fazê-los. Tente mergulhar tudo na cola, cobrindo-os depois com *glitter*. Você também pode colar estrelas brilhantes em cada floco. Misture uma tinta à base de água com água e deixe que seu filho mergulhe os flocos de neve dele na mistura. Quando a tinta secar, você terá padrões de cores interessantes. Você pode até mesmo desenhar no papel antes, fazendo os flocos a partir de sua obra-prima.

Quando você tiver terminado, faça um furo em cada floco usando o furador de papel e passe uma linha ligando todos eles, e prenda-os na sua janela. Tenha uma nevasca em pleno verão!

27

Calendário da família

MANTER A FAMÍLIA ORGANIZADA, principalmente se todos estão envolvidos em muitas atividades, não é tarefa fácil. Mas existe uma forma de seu filho ajudar a manter tudo sob controle. Mapeie a agenda de todos com um calendário caseiro.

materiais necessários

SETE FOLHAS DE PAPEL SULFITE, FOTOGRAFIAS DE FAMÍLIA, CANETINHAS, FITA ADESIVA, GRAMPEADOR E RÉGUA

Comece dobrando cada uma das folhas ao meio. Então, posicione as folhas em uma pilha (uma dentro da outra), para que as dobras se alinhem. Depois, grampeie ao longo da dobra para que as sete folhas fiquem juntas (dois ou três grampos são suficientes). Você agora tem um calendário em branco.

Pressione as dobras, assim as páginas irão virar mais facilmente. Então, folheie o calendário. A metade da parte inferior da página ficará reservada para o calendário do mês de janeiro. A parte superior é para a imagem que ilustrará aquele mês. Usando uma régua e uma caneta preta, crie uma tabela para os dias da semana e preencha-a com as datas de acordo com o ano. Deixe um espaço livre em cima da página grande o bastante para escrever "janeiro". Repita o mesmo em cada página, para cada mês do ano. Você terá três páginas em branco no final para usar como agenda de telefones, endereços ou anotações.

Quando a parte mais difícil passar, a diversão começa! Deixe seu filho decorar a capa e ilustrar cada mês com fotos da família, desenhos, colagens, adesivos, brilhos ou qualquer outro item artístico que ele quiser. Incentive-o a criar imagens que representem o mês em questão. Se ele estiver decorando o mês de outubro, por exemplo, abóboras e fantasmas podem cair bem.

Terminou de decorar? Agora é a hora de acrescentar datas importantes ao calendário, tais como aniversários dos membros da família, feriados, o primeiro dia de aula, férias ou qualquer outra data que possa ser especial para seu filho. Você pode participar também, acrescentando fotos, adesivos ou frases bonitas.

Pendure o calendário em um lugar de destaque na sua casa ou sugira que seu filho embrulhe-o e dê de presente para alguém da família. De um jeito ou de outro, ele poderá apreciar a obra-prima dia após dia, e todos vocês provavelmente se esquecerão menos dos eventos mais importantes.

“ **Para ficar mais difícil:** peça para seu filho fazer um *design* completamente diferente para cada mês do calendário. Por exemplo, uma foto colagem para janeiro; pintura com os dedos para fevereiro; colagem de papéis coloridos para março.

Para ficar mais fácil: escolha uma foto para cada mês e cole você mesmo na página. Então, peça para seu filho decorar a borda. ”

28

Velhinho feito de maçã

PARA VER UM PROJETO ARTÍSTICO que “funciona por si só”, faça rostos de maçã e acompanhe-os envelhecendo dia a dia!

Descasque algumas maçãs. Depois, com um faca, uma colher ou um instrumento plano, entalhe expressões faciais em cada uma delas. Se seu filho for muito pequeno, você pode pedir para ele descrever que tipos de rosto ele quer, enquanto você vai tentando esculpi-los na maçã. Quanto mais fundo você entalhar, mais marcado o rosto de sua maçã ficará quando ela secar. Tente acrescentar pequenas contas no lugar dos olhos e pedaços crus de espaguete no lugar dos dentes.

materiais necessários

MAÇÃS, SAL, ALGODÃO, CONTAS, MACARRÃO ESPAGUETE, ARTIGOS DE ARMARINHO, CORDA E CLIPES DE PAPEL

Quando você tiver terminado a criação, mergulhe as pequenas cabeças de maçã em água salgada por algumas horas. Isso vai prevenir o apodrecimento. Retire-as da água, seque-as e posicione-as no parapeito ou em uma estante, onde você e seu filho possam vê-las.

Nas próximas semanas, quando as suas maçãs perderem a umidade, os rostos se transformarão vagarosamente, ficando parecidos com homens enrugados e murchos. Quando eles pararem de encolher, acrescente acessórios, como óculos ou chapéus feitos de clipes de papel, tampinhas de garrafa, feltro ou outro artigo de armarinho. Coloque em seu velhinho de maçã um bigode, uma barba ou cabelos feitos com corda ou algodão. Embrulhe-os para presente ou mantenha seus velhinhos por perto, em algum lugar visível. A aparência enrugada deles sempre provoca sorrisos.

“**Para ficar mais difícil:** antes de mergulhar a maçã na água com sal, espete um pedaço de madeira na “cabeça” da maçã para criar marionetes. Quando a cabeça estiver “envelhecendo”, faça roupas, mãos e pés para o boneco, usando feltros, botões, fitas e retalhos. Quando a maçã estiver encolhida, costure ou cole as roupas no pedaço de madeira mais próximo à base da cabeça. Certifique-se de que você consegue segurar a madeira para mover o seu boneco.”

29

Tigelas do horror

HÁ MUITO MAIS NO HALLOWEEN do que doces gratuitos. Ajude seu filho a entrar no espírito da estação, criando uma casa assombrada no porão da sua casa ou na porta de entrada; o truque é criar as Tigelas do Horror. Elas são uma maneira simples e divertida de fazer um *halloween* sinistro.

materiais necessários

TRÊS TIGELAS GRANDES, PAPEL-ALUMÍNIO, UVAS, ESPAGUETE COZIDO E LUVAS DE BORRACHA

Comece fervendo água e acrescentando o espaguete. Enquanto estiver cozinhando, você e seu filho podem descascar cerca de 20 uvas. É mais fácil se você usar uma faca, mas é possível fazer isso com os dedos. Encha as luvas de borracha com água e dê um nó para que o líquido não vaze. Quando o espaguete estiver pronto, escorra a água e lave-o em água fria.

Deixe que seu filho coloque cada um dos itens em uma das tigelas. Cubra cada tigela com papel-alumínio e peça para seu filho abrir um buraco em cada um, dando um pequeno murro no alumínio. Coloque as tigelas para fora, em algum lugar escuro, e então mande seu garoto fisgar a primeira "vítima" das Tigelas do Horror. Cada vítima deverá tentar adivinhar o que há dentro das tigelas, colocando a mão pelo buraco e sentindo o que há no seu interior. Incentive seu filho a dar detalhes sobre o conteúdo das tigelas: globos oculares, cérebros e mão amputada.

Se você quiser apagar a luz, acrescente música assustadora, teias de aranha, fantasmas esvoaçantes (feitos de lençóis brancos) e instale uma lanterna com luz fraca. Você e seu filho farão todo mundo morrer de medo, mesmo aqueles convidados mais corajosos.

30

Cores do outono

EM LUGARES DE CLIMA mais rigoroso, o outono é um período para admirar as belas cores que o tempo mais frio traz. Capture os vermelhos profundos, os laranjas, os dourados e os marrons da estação com uma simples folha. Se você pendurá-la em casa, seu filho será capaz de reviver a experiência do outono durante o ano todo.

Dê uma volta pelo bairro e pegue algumas folhas bem coloridas. É melhor que elas não estejam quebradiças. Leve sua coleção de folhas para casa e coloque-as sobre a mesa. Então, peça para seu filho escolher uns quatro ou cinco gizes de cera das cores que ele mais gosta. Rale o giz de cera, usando uma faca ou um ralador. Em breve você terá um monte de fragmentos.

Pegue uma folha de papel-manteiga. Coloque o papel sobre uma mesa com toalha (ou sobre

materiais necessários

GIZ DE CERA, FOLHAS, PAPEL-MANTEIGA, FERRO, GARFO OU RALADOR, FURADOR DE PAPEL, LINHA E TESOURA

uma tábua de passar roupa) com a parte "encerada" para cima. Agora deixe que seu filho arranje de maneira artística a folha e os fragmentos coloridos sobre o papel-manteiga. Peça para ele jogar alguns fragmentos também sobre a folha, no entanto, a maioria deve estar sobre o papel-manteiga.

Ponha uma outra folha de papel-manteiga em cima da criação, com a parte "encerada" virada para baixo. Com o ferro de passar na temperatura baixa, pressione suavemente o papel-manteiga que está por cima. Em poucos momentos o papel ficará transparente e os fragmentos coloridos do giz de cera derreterão em formatos incríveis, ficando todo colado.

Deixe de lado por alguns instantes para esfriar. Depois, corte com uma tesoura a parte mais bonita do trabalho, talvez em formato de folha. Para um toque especial, faça um furo na parte de cima e passe uma linha, amarrando-a. Agora, seu filho pode pendurar a folha de outono permanente no quarto dele.

> **Para ficar mais difícil:** em vez de escolher apenas um tipo de folha, peça para seu filho encontrar uma folha de cada árvore do quintal. Faça um arranjo com cada uma delas, incluindo um papel que a identifique.

Para ficar mais fácil: se arrumar folhas for um pouco difícil, use folhas artificiais. ”

31

Olimpíada de matemática

SEU FILHO É UM MATEMÁTICO EM POTENCIAL? Ou ele fica um pouco paralisado com aritmética? De um jeito ou de outro, ele curtirá participar da olimpíada de matemática. Psssiu! Mas não conte a ele que é educativo.

Essa atividade simples pode ser ajustada às habilidades de seu filho. Similar ao pentatlo olímpico, o jogo tem cinco eventos: soma, subtração, divisão, multiplicação e “padrões”. Prepare com antecedência cem problemas (vinte por categoria) em cartões de anotação, com as perguntas de um lado e as respostas de outro. Cada categoria deve conter perguntas de diferen-

materiais necessários

CARTÕES DE ANOTAÇÃO E CANETA

tes níveis de dificuldade. Determine uma pontuação para cada cartão, de 1 a 20, com a pergunta mais fácil valendo 1 e a mais difícil, 20.

Na categoria "padrões", o objetivo é ajudar seu filho a reconhecer a relação entre os números. Por exemplo, em sua questão de 1 ponto, você poderia pedir para ele adivinhar qual é o próximo número da sequência 1, 2, 3, 4. A resposta correta é 5. Para deixar mais difícil, tente este outro exemplo: 2, 4, 8, 16... (a resposta é 32, já que cada número consecutivo é o dobro do anterior).

Quando o jogo estiver pronto, explique as regras para seu filho e vá em frente. Crianças mais novas gostam de começar pelas questões mais fáceis. Você pode seguir uma sequência inteira de perguntas antes de mudar para outra categoria, ou misturá-las fazendo sequência de cinco perguntas (uma de cada categoria). Marque a pontuação dele a cada resposta correta. Existe a possibilidade de fazer até 1.050 pontos. Trezentos pontos dão a ele a medalha de bronze; 500, de prata; e qualquer pontuação acima disso rende medalha de ouro. Por diversão, faça três medalhas com cartolina, giz de cera e um fio para pendurar. Dê a ele o prêmio apropriado quando terminar a brincadeira.

“ **Para ficar mais difícil:** peça para ele virar o jogo e criar perguntas para testar as habilidades do papai. Será um desafio para ele certificar-se de que todas as questões que ele criou para você estão corretas.

Para ficar fácil: se matemática básica ainda é muito para seu filho, tente um pentatlo que teste os conhecimentos dele sobre formatos, contas, dias da semana e vocabulário básico.

32

Mantenha contato

Nos dias de hoje, há várias maneiras de manter contato com os amigos e com os familiares que não vemos com frequência - desde e-mails a telefonemas e cartas. Mas se houver alguém especial com quem seu filho queira se corresponder, pense em gravar uma fita ou um CD como uma forma de comunicação. É uma maneira simples, única e pessoal de mostrar que você se importa.

Para ter um produto final do qual seu filho se orgulhe, faça alguns preparativos antes. Converse sobre o que ele gostaria de falar na gravação. Ajude-o a fazer anotações sobre o que ele vai dizer. Então, incentive-o a ser criativo, incluindo vários sons para tornar a gravação mais interessante. Cantar, tocar algum instrumento, gravar a voz do irmão ou da irmã, ler um poema e gravar o som do bichinho de estimação da família são acréscimos excelentes.

materiais necessários

GRAVADOR, CD OU FITA, CANETINHA, FOTOGRAFIAS, ENVELOPE E SELOS

Escreva um esboço do "roteiro", incluindo tópicos da conversa e o lugar aproximado onde entrariam os diferentes efeitos sonoros. Então, pressione "gravar" e deixe seu filho mandar ver. Uma boa ideia é que ele cumprimente o destinatário primeiro e explique depois o que ele está fazendo e por quê. Deixe que ele fale errado, conte piadas, discorra sobre a escola, a família, os amigos, os jogos e qualquer outra parte da vida que ele queira. Inclua os sons e você terá um presente magnífico!

É uma boa ideia ouvir a gravação antes de enviar pelo correio. Encoraje seu filho a comentar sobre o sucesso do projeto e, juntos, trabalhem maneiras de melhorar ainda mais. Decore a embalagem da fita ou do CD com desenhos e fotos, dando um título. Depois, faça uma cópia da gravação, caso o original se perca. Embrulhe o pacote com segurança e envie.

> “**Para ficar mais difícil:** peça para seu filho gravar entrevistas com os irmãos e com os pais. Deixe que ele leve o gravador à escola, ao parquinho ou à casa do amigo. Cada um desses extras farão da gravação um relato ainda mais completo da vida de seu filho.
>
> **Para ficar fácil:** grave as “pérolas” imaginativas de seu filho. O destinatário gostará assim mesmo.”

33

Navegar na internet

COMPUTADORES, INTERNET E A REDE MUNDIAL se tornaram a onda do futuro. Passar uma ou duas horas em frente ao computador com seu filho irá ajudá-lo a colocar um pezinho nessa superestrada. E isso pode ser surpreendente. Ele pode ensinar algumas coisinhas a você.

Mesmo que você não tenha computador em casa, muitas escolas, bibliotecas e cafés oferecem acesso à internet gratuitamente ou a preços camaradas. Comece dando uma pequena lição a seu filho sobre o que é a rede. Explique que a linha de telefone ou os cabos conectam o computador que vocês estão usando a milhões de outros computadores. Por que todos esses computadores estão dividindo as mesmas informações, você e seu filho podem acessar muitas fontes e *sites* interessantes, com apenas um clique no *mouse*.

materiais necessários

UM COMPUTADOR CONECTADO À INTERNET

Entre em um *site* de busca e peça a seu filho que digite algo que ele queira aprender. Usar algumas palavras-chave é mais fácil do que escrever a frase toda. Vocês dois ficarão encantados com a riqueza de informações que o *site* mostrará. Você também pode tentar jogar *on-line*, ouvir música ou assistir aos *trailers* dos filmes mais recentes que vocês gostariam de ver juntos. Se seu filho estiver aprendendo a usar o computador na escola, deixe que ele mostre *sites* que tenha visitado e atividades das quais ele tenha participado; ou abra uma conta gratuita de *e-mail*, deixando que ele envie mensagens para amigos e familiares. Rapidamente, seu filho estará navegando sozinho. Apenas fique atento, já que, apesar de existir muitos *sites* próprios para crianças, muitos são voltados para um público mais velho.

“ **Para ficar mais difícil:** se seu filho souber escrever, ele pode gostar de participar de bate-papos sobre assuntos que ele aprecia. Apresente seu filho a esse recurso, mas fique atento às conversas dele.

Para ficar mais fácil: apenas visite um *site* de jogos infantis e deixe seu filho se divertir. ”

34

Jogo de mímica

GAROTOS ADORAM FAZ DE CONTA. Estimule a imaginação deles, organizando um jogo em que eles precisam fingir ser uma pessoa, um lugar ou alguma coisa diferente. Mais conhecido como jogo de mímica pelas pessoas mais velhas, essa brincadeira costuma divertir crianças de todas as idades.

No jogo de mímica, cada pessoa tem a sua vez de, em silêncio, interpretar um personagem ou um objeto por meio de gestos. Os outros jogadores tentam adivinhar o que o ator está tentando ser. Comecem distribuindo cinco folhas de papel para cada um e escrevam nomes de filmes, pessoas famosas, lugares, livros e objetos do dia a dia. Quando todos tiverem escrito, dobrem as cinco folhas em quadradinhos, colocando-as em um chapéu (se for apenas vocês dois, acrescente dez papéis ou mais).

materiais necessários

CHAPÉU, CANETAS E TIRAS DE PAPEL

Alternem-se para sortear um papel de dentro do chapéu e interpretar o que está escrito nele.

Tente manter tudo simples, para que seu filho possa fazer sozinho. O "ator" pode começar a sua charada anunciando se o assunto é filme, livro, objeto ou pessoa. Ele deve tentar ao máximo descrever o que está escrito no papel, sem usar nenhuma palavra.

A plateia é incentivada a dar palpites, em voz alta, até que descubram a resposta certa. Se, depois de vários minutos, ninguém conseguir acertar, o ator pode dar dicas, como cor, tamanho, dizer se o objeto é animado, e assim por diante. Se todo mundo desistir, o ator deve revelar qual é a resposta. Encorajar e elogiar as habilidades de interpretação de seu filho farão o jogo ficar mais divertido e apreciado por todos.

> "**Para ficar mais difícil:** tente limitar os assuntos a personagens encontrados nos livros que vocês leram recentemente. Isso forçará seu filho a se lembrar, fazendo que ele ouça com mais atenção da próxima vez que vocês lerem juntos."

35

Festa dos bichos de pelúcia

Crianças adoram imitar os pais, e se você for do tipo que dá festas, é bem provável que seu filho curtirá muito recepcionar os "bichos de pelúcia" dele num bailinho.

Essa atividade pode ser tão complexa ou tão simples quanto você quiser. Para os anfitriões mais sérios, convites e decoração festiva estão na ordem do dia. Se esta for a primeira vez de seu filho, pedir que ele divulgue a Festa dos Bichos de Pelúcia talvez já seja o bastante. Ajude-o a pegar os "convidados" e trazê-los para a festa. Ensine a ele algumas condutas apropriadas para festas, mostrando como apresentar um convidado ao outro; como pegar um casaco e guardá-lo; e como oferecer petiscos e bebidas. Deixe que ele seja o responsável por toda a ação, oferecendo a ajuda necessária.

materiais necessários

BICHOS DE PELÚCIA OU OUTROS BRINQUEDOS AFINS E SALGADINHOS

Jogar cartas ou jogos de tabuleiro, dançar e brincar de se fantasiar são coisas legais para seu filho fazer com os amigos durante a festa. Anime um pouco mais a festa, servindo algumas coisas apetitosas, como refrigerante e sanduíches. Ensine que, depois que os convidados forem embora, o anfitrião deve limpar toda a bagunça antes de ir para a cama!

36

Bastidores

VOCÊS TÊM IDO MUITO AO ZOOLÓGICO, ao parquinho ou a loja de brinquedos ultimamente? Para mudar um pouco, pense em visitar um estabelecimento local para aprender o que acontece nos "bastidores".

Em vários lugares da cidade, as pessoas ficarão mais do que felizes em abrir as portas para vocês. Muitos jornais, rádios e estações de TV têm visitas monitoradas, nas quais seu filho terá oportunidade de se encantar com as impressoras gigantescas, com a cabine de som e com materiais necessários

NENHUM

a quantidade incrível de equipamentos audiovisuais necessários para produzir um programa de TV. Se o principal jornal de sua cidade não organiza essas visitas, tente conhecer como é o jornal do seu bairro. Provavelmente, vocês serão os primeiros visitantes!

Se seu filho for mais interessado em delícias culinárias, visitas a indústrias alimentícias são sempre um sucesso. Diversas fábricas têm visitas monitoradas para interessados, e os passeios normalmente incluem uma degustação das gostosuras que eles produzem. Não tem nenhuma fábrica por perto? Tente o Corpo de Bombeiros. Pais e filhos gostarão de inspecionar o caminhão com a escada Magirus, os veículos de emergência, os uniformes, os equipamentos e o quartel dos bombeiros. A maioria dos Corpos de Bombeiros está mais do que disposta a oferecer uma breve explicação sobre segurança durante a visitação.

Dar uma passada na prefeitura ou na sede do governo pode ser educativo, abrindo, ao mesmo tempo, os olhos de seu filho. Talvez seja uma boa ideia descobrir quando os vereadores ou deputados estarão reunidos em sessão para ver um pouco de ação. Você pode explicar o que o prefeito faz, antes de vocês se dirigirem até a prefeitura, para que seu filho saiba o que esperar.

Existe uma infinidade de outras opções ali mesmo em seu bairro. A chave para desfrutar essas atividades juntos está em escolher um estabelecimento que produza algo ou ofereça um serviço no qual seu filho tenha algum interesse, como uma emissora de televisão ou um departamento de polícia. Marque um encontro e passe uma ou duas horas aprendendo sobre os negócios de sua região.

37

Jogo de tabuleiro

GAROTOS CONSIDERAM JOGOS de tabuleiro o máximo, portanto, imagine quanto seu filho vai gostar de jogar um que ele mesmo criou!

Primeiro, você e seu filho deverão decidir qual será o objetivo do jogo. A maneira mais fácil de jogar é declarar vencedor o primeiro que alcançar determinado ponto. Outras opções incluem: acumular pontos ou mover as peças com segurança pelo tabuleiro.

materiais necessários

PAPEL, DADO, GIZ DE CERA E CARTOLINA OU PAPELÃO

O próximo passo é decidir qual será o método de mover as peças. Muitos jogos utilizam dados, então é provável que você tenha um par deles, prontos para serem usados. Você ainda poderá criar uma série de cartas com instruções, como "mova dois espaços à frente" ou "volte para o quadrado vermelho". Deixe que seu filho decida que método usar.

Finalmente, selecione um tema para o tabuleiro. Pode ser dinossauros, construções, esportes ou personagens de livros, mas seu filho deve escolher algo em que esteja interessado para que o jogo seja pessoal e divertido. Quando tiverem decidido o tema, é hora de desenhar e construir o tabuleiro.

Comece com uma folha grande de cartolina ou papelão. Desenhe uma sequência de quadradinhos (triângulos, círculos ou diamantes) que levem do início ao final (a menos que você esteja usando outro método, como o de acumular pontos). Quando o caminho até a vitória estiver feito, preencha os quadradinhos com itens relacionados ao tema escolhido, como "Você quebrou sua raquete, perdeu a vez" ou "Você encontrou um fóssil, jogue novamente". Como alternativa, os espaços podem levar você a desempenhar certas ações ou a descartar a sua sequência de cartas. Acrescente desenhos e ilustrações relacionados a seu tema, escrevendo em uma folha de papel as regras do jogo. Então, comece o jogo!

38

Show de mágica

QUAL CRIANÇA não fica de boca aberta com truques de cartas e coelhos saindo de cartolas e desaparecendo? Aumente o desejo de seu filho de ser um mágico, ajudando-o a criar o próprio *show* de mágicas. Os irmãos mais novos ficarão encantados com as habilidades dele em fazer mágica.

materiais necessários

CARTAS DE BARALHO, CENOURA, ALFINETE, LENÇO E LOÇÃO PARA A PELE

A parte principal de qualquer apresentação é o truque das cartas. Pegue qualquer sequência de cartas, embaralhe e rapidamente olhe a carta que está por baixo. Peça que alguém da sua plateia tire uma carta, recolocando-a de volta embaixo do monte de cartas. Depois, faça um grande *show* de embaralhar as cartas (na verdade, você deve embaralhar bem cuidadosamente). Vá abrindo as cartas, passando por elas, até que você encontre a carta que estava originalmente embaixo do monte. A carta seguinte deve ser a carta escolhida pela pessoa da plateia. Tire-a do monte, abanando-a no ar e anuncie a sua descoberta!

O segundo truque é o "espete o dedo". Comece escondendo uma cenoura em sua manga. Puxe um lenço bem comprido para fora de seu bolso e anuncie que você descobriu uma fórmula mágica para fazer os dedos ficarem à prova de dor. Depois, afunde seu dedo na poção mágica (um pequeno pote de loção para a pele), espalhando-a. Então, passe o lenço pela mão, com o dedo indicador apontando para cima. Rapidamente, abaixe seu braço, lateralmente, deixando a cenoura cair de sua manga e pegando-a na mão. Por debaixo do lenço, substitua seu dedo pela cenoura. Levante o braço novamente e, de maneira dramática, espete o seu "dedo" com um alfinete. Enquanto a plateia exclama "ohs" e "ahs", retire o alfinete e coloque a cenoura em seu bolso. Mostre então o seu dedo, sem sangue (mas depois explique para seu filho como o truque funciona!).

Finalmente, dê continuidade ao *show*, dizendo que entrou alguma sujeira em seu olho. Explique à plateia que você precisa limpar os olhos. Com o seu dedo indicador, finja que tirou para fora o globo ocular, fechando rapidamente o olho. Finja colocá-lo dentro da boca, passando a língua ao redor dos lábios. Tire o globo ocular da boca e "coloque-o de volta" no olho. Abra os olhos e diga que fez uma ótima limpeza.

O sucesso de um *show* de mágicas depende mais do apresentador do que das mágicas em si, portanto, peça para seu filho ensaiar diante de você ou em frente a um espelho antes da apresentação. Ajude-o a fazer uma varinha de mágico, usando um lápis encapado com cartolina preta e um cabo comprido feito de algum outro material. Faça placas caprichadas anunciando o *show* de seu filho, e arrume uma mesa com uma toalha preta para as mágicas dele. Se ele não ficar satisfeito, visite a biblioteca e passe algum tempo aprendendo juntos mais alguns truques de mágica.

39

Memórias da praia

SEU FILHO É UM RATO DE PRAIA? Ele passou horas brincando na areia na última viagem à praia ou à represa? Se sim, ele vai adorar criar um diorama para manter vivas as lembranças.

materiais necessários

CIMENTO, CONCHAS DO MAR E OUTROS TESOUROS DO MAR, AREIA E PRATO FUNDO DE ALUMÍNIO

A maioria dos meninos adora colecionar coisas, especialmente itens que encontram na praia, como conchas, pedras coloridas, copinhos, madeiras ou moedas. Incentive seu filho a olhar os tesouros dele, escolhendo os favoritos. Depois, misture o cimento de acordo com as instruções. Vocês podem fazer essas atividades ao ar livre ou num galpão, mas é melhor vestirem roupas mais velhas, que podem ficar sujas. Quando o concreto estiver pronto, despeje-o em um prato de alumínio, com cerca de 2,5 cm de profundidade.

Agora é a vez de seu filho. Deixe que ele arrume as coisas dele no prato. Tente recriar uma cena da praia ou fazer um arranjo, combinando conchas pequenas e grandes. Quando o tesouro estiver posicionado, cubra todo o prato com uma camada grossa de areia, para que ela grude em qualquer parte do cimento que ainda esteja exposto. Espere alguns minutos e tire o excesso de areia. Deixe a misturar secar durante a noite.

Quando o cimento secar, ele deverá encolher um pouco, facilitando a retirada do prato de alumínio. Exponha o diorama em seu quintal ou use-o como peso de papel. Seu filho se lembrará dos bons tempos que passou na praia toda vez que deparar com a obra de arte.

“**Para ficar mais difícil:** pendure seu diorama, furando a parte de baixo do prato de alumínio com o gancho de um cabide flexível, antes de despejar o cimento. Entorte o restante do cabide para que ele se espalhe igualmente por dentro do prato de alumínio. O gancho permitirá que você pendure o diorama na parede quando estiver pronto, e o resto do cabide ficará reforçado pelo cimento.

Para ficar mais fácil: se você não quiser fazer muita bagunça misturando o cimento, gesso ou argila também servem.”

40

Passeio divertido

Hoje em dia as pessoas correm, fazem ginástica, andam de bicicleta... mas poucas passeiam a pé. Já não se passeia mais por diversão. Você e seu filho podem organizar uma caminhada ou corrida beneficente, em que as pessoas doam dinheiro em benefício de uma causa que considerem justa - além da oportunidade de promoverem um belo evento, podem com isso ajudar em uma ação social.

materiais necessários

NENHUM

Se você caminhar por uma causa dessas, seu filho se beneficia de várias formas: ele aprende a trabalhar por causas sociais, pode ajudar em sua organização, pode passar um tempo significativo e especial com você e pratica um bom exercício.

A caminhada em si pode ser aproveitada de outros modos também: ao andar, vocês veem mais as coisas à sua volta do que quando estão em um carro. Vocês também podem colher flores, sentir o cheiro dos jardins, observar os pássaros, as formas das nuvens ("O que aquela nuvem lembra?") e interagir com as coisas ao seu redor (observando o bairro, fazendo perguntas ou mesmo adivinhando a história por trás do que se vê).

Mas o carro também pode fazer parte das excursões: em vez de caminhar pelo mesmo quarteirão todas as vezes, você pode ir de carro até bairros mais distantes e passear por eles.

41

Cozinheiro de cookies

ASSAR COOKIES é o tipo de peripécia apetitosa que os garotos adoram. Embora comprá-los prontos seja mais simples, assá-los é uma tarefa gratificante, especialmente para crianças mais velhas que gostam de medir, misturar e sovar.

Coloquem o avental antes de tudo, e arregacem as mangas para que elas não atrapalhem o preparo dos *cookies*. Deixe que seu filho junte todos os ingredientes, dispondo--os sobre a mesa ou sobre a pia onde vocês vão trabalhar. Bata a manteiga e a gordura vegetal com um *mixer* elétrico por 30 segundos (ou com um garfo por cerca de quatro minutos) até que a mistura fique homogênea. Acrescente o açúcar, o ovo, o leite, o fermento, a baunilha e cerca da metade da farinha. Misture bem. Acrescente o resto da farinha e mexa até que fique tudo bem misturado.

materiais necessários

ROLO DE MACARRÃO, CORTADORES DE *COOKIES*, ASSADEIRA, TIGELA, COLHER DE PAU, UTENSÍLIOS PARA PESAR E MEDIR, PRATELEIRA PARA RESFRIAMENTO, LUVAS TÉRMICAS, AVENTAIS E *MIXER* ELÉTRICO (OPCIONAL)

Essa receita funciona melhor se a massa puder ficar na geladeira por uma ou duas horas. Use este intervalo para limpar a bagunça que vocês fizeram, lavando os utensílios e guardando os ingredientes que não forem usar mais. Se desejarem colocar cobertura nos *cookies*, esta é a hora perfeita. (Cobertura: coloque uma xícara de açúcar refinado e 1/4 de colher de chá de baunilha em uma tigela pequena. Adicione uma colher de sopa de leite por vez até que atinja a consistência correta.) Você pode também preaquecer o forno a 190°C.

Polvilhe um pouco de farinha em uma superfície lisa. Tire a massa dos *cookies* da geladeira e a divida em duas partes. Coloque uma das metades sobre a superfície com farinha. Passe o rolo na massa, esticando-a até que fique com cerca de 0,5 cm de espessura. Nesse ponto, seu filho pode cortar a massa em formato de *cookies*, usando o cortador de *cookies* ou uma faca. Encoraje-o a ser criativo!

receita

1/3 DE XÍCARA DE MARGARINA OU MANTEIGA
1/3 DE XÍCARA DE GORDURA VEGETAL
2 XÍCARAS DE FARINHA DE TRIGO
1 OVO
3/4 DE XÍCARA DE AÇÚCAR
1 COLHER (SOPA) DE LEITE
1 COLHER (CHÁ) DE FERMENTO
1 COLHER (CHÁ) DE BAUNILHA

Coloque os *cookies* na assadeira, sem untar, e peça para seu filho polvilhar açúcar, pedacinhos de nozes ou pequenos doces para decorar. Leve ao forno por sete a oito minutos até que as bordas estejam firmes e a parte de baixo esteja levemente dourada. Retire-os da assadeira e deixe esfriar. Coloque a cobertura e bom apetite!

42

Lavar o carro

O CARRO ESTÁ PRECISANDO DE UMA BOA LAVAGEM? Em vez de levá-lo ao lava-rápido (que é também uma ótima diversão), planeje uma tarde de limpeza com seu garoto. Pegue mangueira, esponjas, sabão e alguns panos. Vistam-se com calções de banho ou roupas que vocês não se incomodam em molhar, e tenham uma diversão ensaboada ao ar livre.

materiais necessários

ESPONJA, SABÃO NEUTRO, BALDE E PANO

Seu filho vai gostar de ficar no controle da mangueira, então sugira que ele comece esguichando água em todo o carro e, depois, encha o balde, enquanto você acrescenta o sabão. Dê a ele uma esponja e defina a parte do carro que ele vai esfregar. Depois que ele terminar, inspecione cuidadosamente e elogie, caso ele tenha feito um bom trabalho. Peça para ele enxaguar as áreas limpas, depois de serem inspecionadas. Você provavelmente terá de limpar o teto, mas todas as outras partes estarão ao alcance de seu filho.

Deixe que ele faça tanto quanto quiser, e termine o que ele não conseguir.

Molhe o carro com a mangueira mais uma vez, e então use os panos para polir, deixando o carro brilhando. Quando estiver pronto, entrem no carro limpo e saiam para dar uma volta, assim seu filho poderá exibir o trabalho duro dele. Agradar o seu trabalhador mirim com um sorvete de casquinha pode ser uma boa.

43

Decoração com fotografias

TEM ALGUMAS FOTOS 3 X 4 de seu filho sobrando? Em vez de guardá-las na gaveta, transforme-as em decoração para o período de férias.

Com um lápis, peça para seu filho contornar a mão dele em um pedaço de cartolina ou de papelão. Corte o formato da mão e cole a foto dele na palma. Com *glitter*, adesivos, giz de cera, canetinha e cola, acrescente ilustrações criativas ao redor da foto. Escreva o nome dele e a data do lado detrás da palma. Depois, abra um buraco na cartolina e passe uma linha ou uma faixa por ele. Pendure essa peça de decoração na lareira.

materiais necessários

CARTOLINA OU PAPELÃO, GRAMPEADOR, FOTOS 3 X 4 E CORDÃO

Quer fazer algo um pouco mais complexo? Corte oito faixas de cartolina (com 20 cm de comprimento e 2,5 cm de largura cada uma). Peça para seu filho colar duas faixas juntas, sobrepondo as pontas de 2,5 cm. O próximo passo é colar outras duas faixas (coladas uma à outra da mesma maneira) perpendiculares às duas primeiras, fazendo que o ponto de união entre elas se sobreponha (você terá o formato de uma cruz grande, com as pontas se sobrepondo no meio). Arrume as quatro faixas restantes em ângulos, com as pontas sempre se encontrando no meio. Quando vocês tiverem terminado de posicionar as faixas, você terá um formato de estrela. Grampeie a pilha de faixas do centro. Agora, dobre cada faixa em direção ao meio e grampeie todas juntas. Cole a foto de seu filho no meio dos raios de sol (por cima dos grampos). Amarre um pedaço de fio por entre um dos laços e pronto! Seu filho será a estrela das suas festas de fim de ano.

44

Barraca de limonada

VOCÊ TEM BOAS RECORDAÇÕES dos tempos em que vendia limonada na esquina por cinco centavos o copo? Permita-se um pouco de nostalgia, ajudando seu filho a instalar sua própria barraca de limonada. Ele aprenderá os princípios básicos de se tocar o próprio negócio e também de como conseguir alguns trocados.

materiais necessários

MESA PEQUENA, CADEIRA, LIMONADA, JARRA, COPOS DE PLÁSTICO OU PAPEL, DINHEIRO TROCADO, CANETINHA E MURAL

Os dias quentes são os melhores para essa atividade. Instalar a banca em uma esquina movimentada pode ser economicamente mais viável, mas colocá-la em frente à sua casa normalmente é a melhor opção. Comece encontrando uma mesa e uma cadeira para que seu filho possa utilizar na banca. Coloque-as na calçada e então peça para seu filho fazer uma placa para divulgar o negócio: "Limonada: 25 centavos" pode ser chamativo. Empilhe os copos de forma organizada e use uma toalha para que as coisas pareçam mais profissionais.

Agora é a hora de fazer o produto. Vá para dentro e encontre a maior jarra que conseguir. Se você quiser ir além, faça uma limonada seguindo a receita destacada ao lado. (Coloque 4 xícaras de água fria e o açúcar em uma panela em fogo alto. Ferva por cinco minutos até obter uma calda. Tire do fogo e deixe esfriar. Na jarra, ponha o suco de limão, a calda e 6 xícaras de água com gás. Misture e sirva.) Você também pode usar um suco em pó ou um concentrado de limão. Acrescente cubos de gelo para manter o suco fresco. Agora seu filho está pronto para o primeiro cliente.

receita

- **2 XÍCARAS DE AÇÚCAR CRISTAL**
- **4 XÍCARAS DE ÁGUA FRIA**
- **3 XÍCARAS DE SUCO DE LIMÃO ESPREMIDO NA HORA**
- **6 XÍCARAS DE ÁGUA FRIA COM GÁS**

Certifique-se de que seu filho tenha moedas suficientes de 25, 10 e 5 centavos para dar o troco corretamente. Explique que se ele for educado e cortês com os clientes, é provável que eles voltem para comprar um segundo copo ou ainda que tragam outros amigos. Então, retire-se para o quintal e deixe seu filho trabalhar. Assim nasce um pequeno empresário!

“**Para ficar mais difícil:** explique a ele que, em um negócio de verdade, a chave para o sucesso é vender o produto por um valor maior do que custou para adquirir ou produzir. Deduza mais ou menos quanto custa para fazer um copo de limonada, e peça para seu filho calcular quanto ele acha que deveria cobrar por isso. Não se esqueça de levar em consideração materiais como copos e guardanapos.”

45

Corrida com obstáculos

PROCURANDO UMA BOA MANEIRA de tirar seu filho da frente do computador ou da televisão? Sugira a construção de uma trilha com obstáculos. Ele certamente irá pular de alegria com a possibilidade de participar de uma competição amigável com o papai, além de gastar energia enquanto isso!

Essa atividade é ótima até mesmo para os meninos mais novos. Comece escolhendo um lugar (jardim, porão, sótão, *playground* ou qualquer outro local apropriado) e planejem juntos o traçado. Evite obstáculos perigosos, como galhos baixos de árvore ou vigas de telhado. Assim que tiverem decidido a trilha, é hora de inventar os obstáculos que vocês terão de superar para chegar à reta final. Há dois tipos que vocês podem incorporar ao jogo: estruturas naturais ou fabricadas por onde vocês terão de saltar, rastejar ou balançar; e tarefas que vocês precisarão cumprir em determinado momento da corrida.

Se você tiver um balanço, uma caixa de areia ou algum aparelho de ginástica, inclua-os na sua corrida. Use uma bicicleta para ir do ponto A ao ponto B. Coloque um pedaço de madeira no caminho para pular ou andar paralelo a ele. Se tiver neve no chão, faça um montinho ou um túnel para escalar ou passar no meio. Quando os obstáculos estiverem todos estabelecidos, defina algumas tarefas. Num determinado ponto, faça seu filho rodopiar três vezes antes de continuar. Você também pode acrescentar outras atividades, como um joão-bobo, um tiro ao alvo, pulos, saltos, cambalhotas ou qualquer outra atividade.

materiais necessários

NENHUM

Agora, vocês estão prontos para agir! Sigam os desafios separadamente ou juntos. De um jeito ou de outro, cumprimente com entusiasmo toda vez que seu campeão vencer um obstáculo.

> “**Para ficar mais difícil:** inclua alguns exercícios mentais no percurso. Peça para ele contar até 25 de trás para a frente, depois de pular o pedaço de madeira; dizer o alfabeto enquanto dá cambalhotas; ou citar o nome dos últimos três vencedores da Copa do Mundo enquanto rebate uma bola.”

46

Cidade reciclada

O MAIS LEGAL DE PARTICIPAR de um programa de reciclagem é que o cesto que você usa para coletar o “lixo” está muitas vezes recheado de tesouros, esperando para serem colocados novamente em uso. Latas vazias, caixas e tubos de papelão, caixinhas de leite e potes de vidro são os materiais perfeitos para se criar uma cidade de brinquedo em miniatura.

materiais necessários

CAIXA DE CEREAIS, LATAS, ROLO VAZIO DE PAPEL-TOALHA (QUALQUER OBJETO QUE ESTIVER EM SEU LIXO RECICLÁVEL), TESOURA, GIZ DE CERA E COLA

Disponha seu material (certifique-se de que tudo esteja limpo) sobre a mesa ou sobre o chão. Uma sugestão é usar um pedaço grande de cartolina ou papelão como o chão de sua cidade. Se seu filho quiser fazer uma grande produção, use o giz de cera para traçar estradas e calçadas, designando o lugar exato dos prédios, como um planejador urbano faria. Pense em incluir becos, aeroportos, pontes e parques industriais.

O próximo passo é usar o material reciclável para criar os prédios. Tubos são excelentes para fazer edifícios altos e chaminés. Caixas de cereais são perfeitas para fábricas, apartamentos e escolas. Latas de café fazem boas torres de controle e prédios de escritório. Use os potes de vidro como a torre de água da cidade.

Corte janelas e portas e decore os prédios com cartolina, giz de cera e outros apetrechos de arte. Cole as suas criações nos lugares apropriados e acrescente árvores, carros e pessoas. Pinte algumas partes do chão de verde para simular a grama, e as estradas e ruas de preto.

“ **Para ficar mais difícil:** tire uma foto dos prédios da maior cidade da sua região e peça para seu filho tentar fazer igual, usando o material reciclável.

Para ficar mais fácil: você pode criar a base e os prédios, deixando que seu filho os posicione. Os carrinhos e os bonecos dele podem ser incluídos na composição da cidade. ”

47

Coleção de pedras

GAROTOS TÊM UMA QUEDA POR COLECIONAR coisas, especialmente pedras. Estimule o *hobby* de seu filho, ajudando-o a construir caixas incrementadas para ele guardar sua coleção.

Antes de você construir um lugar para ele expor a coleção, seu filho terá de sair em busca de pedras. Dependendo de onde você mora, há possibilidade de encontrar pedras na estrada, no quintal, na praia, no riacho ou no parque. (A maioria das reservas naturais proíbem que se retire qualquer objeto do local.) É provável que enquanto vocês procuram, seu filho seja atraído pelas pedras maiores. Tente também chamar a atenção dele para as menores, mais coloridas. Elas são mais fáceis de carregar e muitas vezes são mais interessantes do que as grandes. Incentive seu filho a buscar variedade, em vez de quantidade.

> **materiais necessários**
>
> **CAIXA DE SAPATO, PEDRAS, COLA INSTANTÂNEA, CANETINHAS, REVISTAS ANTIGAS, TESOURA E ARTIGOS DE ARTESANATO VARIADOS**

Quando vocês estiverem com os bolsos cheios, voltem para casa e disponham seus tesouros sobre a mesa. Provavelmente, você vai querer lavar e tirar a sujeira das pedras, secando-as depois para começar o trabalho. O próximo passo é decorar a sua caixa de sapato com cartolina, canetinha e outros itens. Seja criativo e recorte de revistas várias imagens de pedras, colando-as dentro e fora da caixa. Peça para seu filho escolher as pedras favoritas que ele encontrou e cole-as também dentro da caixa, usando a cola instantânea. Marque a data e o local em que foram encontradas, como qualquer bom geólogo faria.

Para terminar, abra uma "janela" na tampa da caixa de sapato e cole com fita adesiva ou com cola instantânea um filme plástico sobre o buraco (fica melhor se você colar na parte de dentro da tampa). Agora, seu filho pode exibir a coleção dele sem ter de tirar a tampa da caixa.

> “**Para ficar mais difícil:** se você tiver um livro de identificação de pedras, ou tiver acesso à internet, examine as pedras coletadas e tente identificá-las.”

48

De outra geração

A MENOS QUE SEUS PAIS vivam por perto, é provável que seu filho passe pouco tempo com idosos. E apesar de não parecer uma atividade divertida, seu filho ficará surpreso ao descobrir como pessoas mais velhas são interessantes.

Se você tiver um vizinho ou algum conhecido que tenha mais idade, pergunte se você pode dar uma passadinha na casa deles com seu filho. Outra opção é ligar para um asilo ou uma casa de repouso de sua região. Você provavelmente será encaminhado para um coordenador voluntário que ficará mais do que feliz em recebê-los.

materiais necessários

NENHUM

É uma boa ideia explicar para seu filho a importância de se conhecer alguém de gerações anteriores. Eles têm várias histórias para contar e experiências para dividir. E a maioria das pessoas de casas de repouso não recebe muitas visitas, portanto, passar um tempo com eles é um agrado e tanto. Assim que seu filho tiver mais compreensão, coloque alguns livros na mochila e sigam em frente.

Quando vocês chegarem, peça para seu filho se apresentar. Para deixar todos mais à vontade, peça para ele ler algum livro que trouxe ou sugira que ele peça para a pessoa ler algumas páginas em voz alta. Então, comece a conversar sobre a vida de seu filho, incentivando-o a recontar as experiências pelas quais passou recentemente. Muitas pessoas mais velhas adoram ouvir as travessuras das crianças, já que as fazem lembrar dos tempos que eram jovens. É provável que a pessoa que vocês estão visitando também tenha algumas histórias sobre o passado.

Não prolongue muito a sua visita. Trinta minutos costumam ser o bastante. Enquanto você e seu filho iluminam o dia de alguém, seu garoto ainda poderá aprender um pouco sobre os idosos. Ele adorou? Então façam as visitas frequentes. Você se surpreenderá ao verificar como uma relação de benefícios mútuos floresce rapidamente.

49

Arte na areia

Garotos amam brincar na areia. Eles também adoram colorir. Combine essas duas paixões em um projeto de arte cheio de cores e de areia.

Coloque quatro tigelas sobre a mesa e despeje cerca de uma xícara de areia em cada uma delas. Deixe que seu filho adicione duas ou três gotas de corante de alimento de cores diferentes em cada tigela, misturando bem. Despeje e espalhe a areia de cada tigela em uma assadeira, separadas (para que as cores não

materiais necessários

AREIA, CORANTE DE ALIMENTO, CARTOLINA, 4 TIGELAS, 4 COLHERES, 4 ASSADEIRAS E COLA se misturem) e leve-as ao forno. Aqueça e seque a 180°C por cerca de 12 minutos. Tire as assadeiras do forno e deixe que a areia esfrie.

Agora começa a parte criativa. Peça para seu filho passar um pouco de cola sobre alguns pedaços de cartolina. Fica melhor se ele tentar fazer um desenho, como uma grande espiral ou bolinhas. Deixe que ele escolha uma das cores de areia e polvilhe por cima. Certifique-se de que ele usará areia suficiente para cobrir toda a cola. Então, erga a cartolina e chacoalhe para tirar o excesso de areia. Faça um novo desenho com a cola e escolha outra cor. Repita o mesmo processo até que ele tenha um desenho bem colorido e cheio de areia. Deixe secar, depois grude na geladeira ou pendure no quarto dele.

“ **Para ficar mais fácil:** se seu filho for especialmente criativo, peça para ele tentar fazer uma garrafa artística de areia, usando a mesma areia colorida. Tudo o que ele precisa fazer é despejar a areia dentro de uma garrafa pequena, uma cor de cada vez. Incentive-o a fazer experimentos, virando a garrafa enquanto ele despeja a areia ou misturando as diferentes cores antes de enchê-la. ”

50

Quebra-cabeça fácil

MAIS LEGAL DO QUE CONSEGUIR MONTAR um quebra-cabeça é poder montar um que você mesmo fez! Comece colocando seis espátulas de madeira (como os abaixadores de língua usados por médicos) sobre uma superfície plana. Alinhe-as em uma fileira, com as partes mais largas se tocando. Cole as espátulas na mesa, cortando dois pedaços compridos de fita adesiva e colocando-os sobre as pontas das espátulas (em ambos os lados).

materiais necessários

FITA ADESIVA, CANETINHAS E SEIS ESPÁTULAS DE MADEIRA, (PAPELÃO OU PAPEL CORTADO EM TIRAS)

O próximo passo é pedir para seu filho fazer um desenho nessas espátulas. Use cores vibrantes e certifique-se de que parte das imagens se sobreponha de uma espátula para outra. Todas as seis espátulas devem conter parte do desenho. Então, retire a fita adesiva e embaralhe as espátulas. O quebra-cabeça dele está pronto.

Aumente o desafio desenhando dos dois lados. Você também pode desenhar num pedaço de papel, cortando-os depois em diversos formatos. Encaixar as formas esquisitas é mais difícil do que montar as espátulas desenhadas.

> “**Para ficar mais fácil:** numere as espátulas de um a seis, misture-as e peça para seu filho reordená-las de maneira correta.”

51

Bonecos de meia

VOCÊ FREQUENTEMENTE fica frustrado com as meias sem par que se acumulam em sua gaveta? Dê um bom uso a elas, criando uma família de bonecos feitos de meia. Seu filho tanto apreciará criá-los quanto brincar com eles quando estiverem prontos.

Junte suas meias e os apetrechos e encontre um lugar agradável para se sentarem. Comecem a trabalhar colocando a meia na mão de seu filho, como se fosse uma luva. Peça para ele fechar o punho. Com uma caneta, marque o lugar dos olhos, do nariz e da boca de seu futuro boneco. Então, retire a meia e comece a decorar.

materiais necessários

MEIAS, CANETINHAS, LINHA, BOLAS DE ALGODÃO, BOTÕES, TAMPINHAS DE GARRAFA E AGULHA

Bolas de algodão, botões ou tampinhas de garrafa funcionam bem como nariz. Linha, pedaços de pele sintética ou de carpete são ótimos para fazer o cabelo. Corte imagens de olhos de revistas ou recorte círculos de feltro e cole-os no rosto dos bonecos. Você pode desenhar a boca ou usar uma linha fina para fazer os lábios. Incentive seu filho a acrescentar orelhas, bigode, sardas e o que mais ele quiser para deixar o boneco completo.

Quando a família de bonecos estiver pronta, ajude seu filho a criar uma peça. Encene uma das histórias que você conta para ele dormir ou finja que os bonecos representam seus familiares e amigos. Faça uma apresentação para os membros da família e, ao final, certifique-se de que seu filho (e os bonecos) faça uma reverência em agradecimento!

“ **Para ficar mais difícil:** ajude seu filho a construir um teatro de bonecos usando uma caixa grande de papelão. Corte fora a parte detrás para que a caixa fique totalmente aberta; depois, faça uma abertura retangular grande na frente, que servirá como 'palco'. Seu filho pode se esconder no vão da caixa, colocando os bonecos acima da cabeça. ”

52

Álbum de colagem das férias

Preserve suas lembranças das férias fazendo um álbum com os melhores momentos da viagem. Mais do que meras fotografias, um álbum de colagem é recheado de *souvenirs* dos lugares visitados, de objetos vistos e de atividades de que você participou.

Antes que vocês sigam em frente com essa atividade, converse com seu filho sobre o álbum de colagem. Planejem coletar os pequenos objetos para o álbum, tais como cartões-postais, ingressos, papel de bala, guardanapos, cartões de visita, folhetos, mapas e recibos. Qualquer objeto pequeno e plano serve.

materiais necessários

OBJETOS VARIADOS COLETADOS DURANTE AS FÉRIAS, FOTOGRAFIAS, ÁLBUM DE FOTOS, COLANTE, CANETINHAS E CARTOLINA

Quando retornarem para casa, empilhe a coleção sobre a mesa. Tente colocar os itens ao lado das fotografias correspondentes. Se vocês pegaram um trem, por exemplo, coloque a foto de seu filho em frente do vagão e, ao lado, cole a bilhete do trem. Usando cartolina e canetinhas, faça uma decoração legal em seu álbum. Uma boa dica é acrescentar o dia da viagem e o local em que estavam (Dia 1 - Praia) em cada página. Recorte mapas e destaque o roteiro que fizeram.

Agora, abra as páginas colantes e peça para seu filho fazer um arranjo criativo de todos os itens. Organizar tudo de maneira cronológica será útil quando você for contar sobre a viagem. Tudo o que seu filho terá de fazer é explicar o significado de cada item colado nas páginas.

“ **Para ficar mais difícil:** peça para seu filho acrescentar legendas ou comentários cômicos em balões que podem sair da boca das pessoas nas fotos. ”

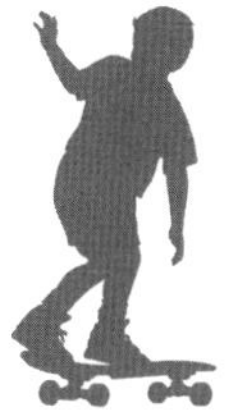

53

Baú de menino

SEU FILHO DEIXA OS BRINQUEDOS espalhados por todos os lados? Ajude-o a construir um baú especial para guardar os tesouros dele, e ele ficará ávido para guardá-los assim que tiver acabado de brincar.

materiais necessários

PEDAÇO DE MADEIRA, PREGOS, PARAFUSOS, DOBRADIÇAS, MARTELO, CHAVE DE FENDA, TINTA, CANETINHAS, ETIQUETAS E ESTÊNCIL

Um baú de menino bem-sucedido deve ser grande - mais ou menos do tamanho de um criado-mudo. A madeira não precisa ser das melhores - restos de madeira usada em outros projetos desempenharão bem o papel. Desenhe o baú no papel antes de começar a serrar. Incentive seu filho a contribuir com ideias sobre como o baú deve ser. A menos que você seja um mestre da marcenaria, mantenha o *design* simples. Inclua algumas prateleiras para criar divisórias e pense em colocar uma porta na frente - como uma geladeira - para um acesso fácil.

Agora comece a juntar todas as partes. Peça para seu filho ajudar, tirando as medidas e segurando algumas peças para que você as prenda. Ensine a ele que é melhor medir bem antes de fazer qualquer coisa. Um *design* simples levará menos do que uma hora para ser completado. Quando estiver pronto, é a vez de seu filho pintar o baú e decorá-lo com canetinhas, etiquetas, fotos ou um estêncil para criar alguns padrões de ilustração. Espere secar e então deixe que ele acumule lá dentro todos os tesouros.

" **Para ficar mais difícil:** um *design* mais elaborado aumentará o desafio. Acréscimos, como um fecho na porta ou espaços secretos na parte de dentro, farão o baú ficar mais especial ainda.

Para ficar mais fácil: se um baú de madeira for muito árduo para seu filho, faça um de caixa de sapato. "

54

Maratona de leitura

DA PRÓXIMA VEZ QUE VOCÊ E SEU FILHO depararem com uma tarde chuvosa, organize uma maratona de leitura, em vez de ligar a TV. Mande seu filho sair em busca dos dez livros favoritos dele, enquanto você prepara algumas guloseimas. Encontrem-se na sala de casa ou em qualquer outro canto confortável e se refestelem em uma tarde de leitura.

materiais necessários

DIVERSOS BONS LIVROS E GULOSEIMAS

Explique a seu filho que existem quatro partes em uma maratona de leitura: ler em voz alta, ouvir, recontar e ler em silêncio. Se seu filho souber ler, revezem a leitura em voz alta. Essa atividade inclui também ouvir com atenção. Quando terminarem um livro, peça para seu filho fazer um resumo. É uma ótima maneira de ver se ele compreendeu o que ouviu. Você também pode iniciar algumas discussões, perguntando sobre quais foram as personagens favoritas dele, quais ele não gostou, o que aconteceria se o final fosse diferente. Enfim, você pode fazer qualquer outra pergunta com resposta aberta.

A leitura silenciosa é a quarta atividade que pode ser feita separada ou intercalada com as outras fases da maratona. Se ele for muito novo para ler sozinho, ajude-o a pronunciar as palavras, deixando que ele conte a própria história baseada nas ilustrações do livro. Mantenha as guloseimas por perto e incentive seu filho ao longo de todo o processo. Muito em breve você terá um "devorador de livros" em casa.

> "**Para ficar mais difícil:** peça para seu filho escrever um breve resumo de cada livro."

55

Jogo das sombras

SEU FILHO ESTÁ ENCANTADO com as sombras na parede? Transforme a fixação dele em uma atividade criativa, fazendo o seu próprio teatro de bonecos de sombra. É uma forma simples e divertida de passar uma tarde.

materiais necessários

PAPEL EM BRANCO, LUMINÁRIA, CARTOLINA FINA, VARETAS, COLA, FURADOR, ARAME FLEXÍVEL, BARBANTE, LENÇOS DE PAPEL, CORTADOR DE *COOKIES*, CANETA E TESOURA

Os bonecos de sombra mais básicos são aqueles que você pode criar com as próprias mãos. Se você quiser dar um passo adiante, no entanto, junte alguns artigos de armarinho e crie uma variedade de bonecos. Comece desenhando alguns formatos em um pedaço de cartolina. Se você não se sentir à vontade desenhando à mão livre, use cortadores de *cookies* com formato de animais, como ursos, pássaros e outros que você quiser incluir em seu *show*. Então, corte-os e, com o arame, faça chifres, antenas e pernas. Use lenços de papel e arames para fazer asas de borboletas. Pedaços de linha são bons para fazer caudas. Algumas retorcidas no arame, cola e um pouco de barbante podem fazer uma pessoa com o cabelo engraçado.

Vários itens domésticos, como tampas de vidro de pimenta, sacolas, vassouras e esponjas, podem produzir sombras interessantes. Formatos e desenhos bizarros valorizam sua coleção de marionetes de pessoas e animais. Quando tiver terminado de criar, prenda em cada boneco uma vareta ou uma corda para que você possa manipulá-lo sem que sua mão apareça. Depois, monte o teatro, suspendendo um lençol branco em uma porta ou em qualquer outro lugar conveniente. Posicione uma luminária (sem a cúpula) a cerca de 2,5 metros do lençol. Arrume algumas cadeiras do outro lado do lençol e mande seu filho sair em busca da plateia.

Quando todos estiverem sentados, comece o *show*. Faça os bonecos se moverem, balançarem ou dançarem entre o lençol e a luminária. Todos ficarão encantados. Se seu filho for muito pequeno, ele vai gostar de ficar na plateia assistindo. Se ele quiser, deixe-o fazer o espetáculo e aprecie a criatividade dele junto com as outras pessoas da plateia.

> “**Para ficar mais difícil:** faça árvores, casas, carros e outros itens e peça para seu filho contar uma história sobre os bonecos que ele criou.”

56

Truques com velas

A MAIORIA DOS GAROTOS é muito interessada em pirotecnias, mesmo sendo alertada do perigo que é brincar com fogo. Em algumas situações controladas, aprender sobre as propriedades do fogo pode ser útil e divertido.

> **materiais necessários**
>
> VELA PEQUENA, FÓSFOROS, TRÊS COPOS TRANSPARENTES DE DIFERENTES TAMANHOS, PIRES, ÁGUA, CORANTE DE ALIMENTO E RELÓGIO

Comece explicando que o ar é feito de oxigênio e nitrogênio. As pessoas precisam de ar para respirar, e o fogo precisa dele como alimento. Sem o ar, o fogo não existiria. Para apagar o fogo, você precisa remover o ar que ele usa como combustível. Quando seu filho compreender o funcionamento básico do fogo, siga adiante com a demonstração.

Coloque a vela na mesa e acenda. Peça para seu filho colocar cuidadosamente um copo de tamanho médio sobre a vela. Usando um relógio, marque quanto tempo a vela demora para apagar. Explique a ele que a chama queimará somente enquanto tiver oxigênio dentro do copo. Quando a vela usar todo o oxigênio, no entanto, a chama se apagará. Repita esse experimento com um copo um pouco maior. Veja se ele pode explicar a você por que a vela demora mais para apagar dessa vez.

Para o segundo experimento, dissolva em água uma pequena quantidade de corante de alimento e despeje um pouco do líquido no fundo de um pires. Acenda a vela e coloque-a sobre o pires. Posicione um dos copos sobre a vela. Assista o líquido ser sugado para dentro do copo, enquanto o fogo vai queimando. Pergunte a seu filho se ele pode dizer por que a água é sugada para dentro do copo? Ele entendeu que o líquido preenche o espaço que o oxigênio deixou quando estava sendo consumido pela chama?

57

Superbolhas

AUMENTE AS BOLHAS que você assopra usando itens que você tem em casa - cabides, sabão e assadeira.

materiais necessários

CABIDE DE ARAME, DETERGENTE E ASSADEIRA

Junte os seus suprimentos e vá para fora de casa. Adicione detergente na água (meio a meio) ou use um líquido de fazer bolhas comprado na loja de brinquedos. Depois, despeje a mistura em uma assadeira até que forme uma camada rasa. Desenrole um cabide até que ele vire um longo pedaço de arame; depois dobre-o fazendo um grande círculo. Peça para seu filho mergulhar o cabide na água com detergente, levantando-o em seguida, cuidadosamente. O cabide deve ficar com uma camada de sabão ao longo de todo o círculo. Incentive seu filho a balançar o cabide no ar, assim ele verá uma bolha gigantesca se formar. Continue girando o cabide para lá e para cá e veja uma corrente de bolhas sendo lançadas para fora.

Com os outros cabides, tente algumas variações. Retorça o cabide em três ou quatro pequenos círculos para criar uma chuva de bolhas. Tente fazer um formato quadrado ou triangular e veja quais serão os resultados. Outra dica divertida com as superbolhas é colocar uma dentro da outra. Faça isso assoprando uma bolha grande; depois, pegue-a com um anel de arame. Cuidadosamente, assopre a parte de baixo, forçando outra bolha a aparecer dentro da primeira!

Essa atividade é uma grande precursora da hora do banho, pois seu filho já estará no clima das bolhas.

58

Porta-pratos personalizados

ARRUMAR A MESA é uma tarefa que as crianças podem fazer sozinhas, apesar de reclamarem. Transforme a obrigação em uma atividade recheada de diversão, incentivando seu filho a fazer porta-pratos personalizados para todos da família.

materiais necessários

PAPELÃO, CANETINHAS E GIZ DE CERA

Se o seu filho for novinho, comece mostrando a ele como os talheres e os pratos são dispostos na mesa. Depois, peça para ele desenhá-los em uma folha de papel sulfite para que possa se lembrar em outro dia, quando estiver arrumando a mesa. Decorar esse porta-pratos é a melhor parte dessa atividade. Ajude-o a deixar cada um deles exclusivo, encorajando-o a desenhar algo pessoal. Se a irmã dele gosta de beisebol, por exemplo, ele pode colorir tacos e bolas no porta-pratos dela. Escrever o nome de cada pessoa também é uma boa ideia.

Vocês podem fazer isso em ocasiões especiais, como aniversários ou feriados, mas em situações corriqueiras também. Faça um projeto mais complexo, decorando porta-guardanapos (que podem ser facilmente feitos grampeando uma faixa de papelão dobrada em círculo) e marcadores de lugar. Se seu filho inventar algo realmente especial, vale a pena plastificar para poder usar muitas e muitas vezes. Essa será uma obrigação que ele vai aguardar!

59

Pílulas do amor

EM ALGUNS PERÍODOS, seu filho provavelmente terá de ficar longe das pessoas queridas - mamãe viajando a trabalho, o irmão mais velho indo para o acampamento de férias ou o tio favorito se mudando para uma nova cidade. Para amenizar a dor da solidão, sugira que seu filho faça um lote de pílulas do amor. Estas podem até mesmo ser feitas antecipadamente, em circunstâncias rotineiras, como a de seu filho indo para o jardim da infância.

materiais necessários

CÁPSULAS DE GELATINA VAZIAS, CANETINHAS, PAPEL E GARRAFA

Compre cápsulas de gelatina vazias na farmácia mais próxima de sua casa. Coloque-as sobre a mesa e corte cerca de 20 tiras de papel de aproximadamente 0,5 cm x 2,5 cm. Com canetinhas, giz de cera ou lápis, ajude seu filho a escrever mensagens de amor em cada tira de papel. Podem ser simples - "Estou com saudade!" - ou mais personalizadas - "Você é a melhor cozinheira do mundo!". Se ele não souber escrever, deixe-o ditar as mensagens, e então peça para ele fazer as decorações nas tiras de papel, usando canetinhas ou os gizes de cera.

Cuidadosamente, dobre as tiras tão firme quanto puder. Abra as cápsulas, coloque um rolinho em cada uma e feche. Encontre um vidro de remédio vazio, enxágue-o e retire o rótulo (que sai facilmente quando colocado em água morna). Sugira que seu filho desenhe o próprio rótulo, escrevendo "Pílulas do Amor". Incentive-o a deixar uma prescrição no rótulo, como "tome uma vez por dia ou quanto precisar se se sentir sozinho".

Agora, coloque as pílulas dentro do vidro, feche e embrulhe para presente.

60

Diretor por um dia

HOJE EM DIA é possível fazer um filme em casa num piscar de olhos. Portanto, ajude seu filho a entrar em ação, encorajando-o a bancar o diretor por um dia. Não importa se você tem uma *webcam* (que se conecta ao computador) ou um modelo mais antigo, ensine seu filho o básico de como usá-la. Luzes, câmera, ação!

materiais necessários

CÂMERA DE VÍDEO, CARTOLINA OU PAPELÃO E CANETINHAS

Peça para seu filho esboçar uma história básica para o filme, sobre os bichos de pelúcia dele, sobre a família ou os amigos. Explique que todos os diretores de filme têm de criar um roteiro antes de começar a gravar. Ainda que ele provavelmente não precise escrever cada linha, é bom que o filme tenha pelo menos uma história principal. Então, mãos à obra.

Se você for usar um programa de edição para acrescentar música e créditos mais tarde, comece a gravar as imagens. Se você preferir manter o processo simples, faça umas placas de cartolina dizendo "Fim" ou "Créditos". Escolha um título e escreva-o também em uma cartolina. Deixe que seu filho faça a gravação sozinho, dando orientações aqui e ali, caso necessite. Esteja pronto para o caso de seu filho ficar frustrado com o jeito que as coisas caminham. Frequentemente, os "atores" não fazem aquilo que deveriam fazer. Explique a seu filho que os diretores devem ser muito pacientes.

Quando a produção estiver pronta, junte a família, faça pipoca, sentem-se e aproveitem o *show*!

61

Termômetro

Crie um utensílio útil para se ter casa e, ao mesmo tempo, faça um experimento científico interessante, construindo um termômetro.

Comece juntando todo o material necessário. Depois peça para seu filho despejar a mesma quantidade de água

materiais necessários

GARRAFA DE PLÁSTICO PEQUENA, CANUDO, ÁGUA, ÁLCOOL, CORANTE DE ALIMENTO E ARGILA DE MODELAR

e de álcool num terço da garrafa (use um medidor). Acrescente algumas gotas de corante de alimento, feche a garrafa e agite. Retire a tampa e insira um canudo na garrafa. Peça para seu filho segurar o canudo, para que fique no meio da garrafa, a uma distância mínima do fundo. Usando a argila, feche a abertura da garrafa (isso também deixará o canudo no lugar).

Coloque a garrafa nas mãos de seu filho e observe o que acontece com o líquido. Conforme o líquido esquentar, lentamente ele subirá pelo canudo, como um termômetro de verdade. Pergunte a seu filho se ele sabe o que acontece com as moléculas quando elas se aquecem. Explique a ciência por trás disso: quando os líquidos são aquecidos, as moléculas começam a se mover cada vez mais rápido, fazendo que elas se partam. Isso faz o líquido se expandir. Conforme o líquido de dentro da garrafa se expande, o único lugar por onde ele pode sair é subindo pelo canudo. (Como a boca da garrafa está tampada, a pressão do ar de dentro impede que o líquido transborde pela garrafa.)

Esse experimento tem vida longa, já que seu filho pode observar o termômetro em diferentes ambientes: no sol, na sombra, no vento, dentro ou fora de casa.

62

Barco de madeira

ASSISTIR AO PAPAI construindo alguma coisa em sua oficina é sempre algo fascinante para os pequeninos. Os meninos ficam encantados com ferramentas como martelos, pregos e serrotes. Deixe que seu filho participe, ajudando-o a construir um barco de madeira. Se você der as instruções e a supervisão necessária, não haverá problemas para criar essa embarcação.

materiais necessários

PEDAÇO DE MADEIRA, PARAFUSOS, PREGOS, CHAVE DE FENDA, MARTELO E SERROTE

Comece ensinando a seu filho como usar as ferramentas básicas: o serrote, a chave de fenda e o martelo. (É importante manter as ferramentas mais ameaçadoras longe do alcance dele.) Explique a seu filho como as ferramentas podem ser perigosas, mas que, se ele for cuidadoso, tudo correrá bem. Se você tiver uma caixa de esquadria para serrote, deixe que seu filho a use. Ela não só facilita o trabalho de se serrar corretamente, como também mantém o serrote firme. Comece você a serrar e deixe seu filho dar continuidade ao trabalho.

A parte principal dessa construção é o casco do barco. Encontre um pedaço fino e estreito de madeira e, junto com seu filho, serre um dos lados para que fique pontudo (formando o arco do navio). Depois serre outro pedaço de madeira em formato quadrado para ser a cabine. Antes de prendê-lo ao barco, no entanto, martele um pedaço comprido e fino de madeira na parte detrás da cabine para incluir um mastro. Nesse trabalho, seu filho aprenderá como usar o martelo. Então, usando uma chave de fenda e um parafuso, prenda a cabine ao barco.

É possível colocar um parafuso em uma madeira mole sem usar uma furadeira elétrica. Basta passar sabonete no parafuso para lubrificá-lo. Com algumas poucas marteladas, prenda o parafuso na madeira. Com a chave de fenda, dê algumas voltas no parafuso para começar e deixe seu filho terminar o trabalho, até o final.

Agora, seu barco está pronto para ser decorado. Pinte o casco ou faça uma vela usando um lençol velho. Depois, coloque seu barco para flutuar na banheira ou em algum lago.

63

Alfabeto das compras

Seu filho está aprendendo o abecedário? Brinque com ele com o jogo Alfabeto das Compras, ajudando-o a afiar as habilidades e a mente.

materiais necessários

NENHUM

Pense num item da feira que comece com a letra A. Por exemplo, vamos supor que você tenha escolhido abacaxi. Diga para seu filho: "Eu fui à feira e comprei alguma coisa que começa com a letra A." Seu filho deve adivinhar o que foi que você comprou. Quando ele disser abacaxi, ele continua o jogo dizendo: "Eu fui à feira e comprei abacaxi e alguma outra coisa que começa com a letra B." Agora você tenta adivinhar o que foi que ele comprou. Depois, você continua o jogo dizendo: "Eu fui à feira e comprei abacaxi, banana e alguma outra coisa que começa com a letra C." O jogo segue assim até que vocês passem por todo o alfabeto. Você vai ficar surpreso ao ver como é boa a memória de seu filho e ele vai adorar exercitá-la.

Para acrescentar movimento ao jogo, mude o tipo de loja. Em vez de feira, finja que vocês foram a uma loja de informática ou de departamento; ou mude completamente, como, por exemplo, ir à praia, à garagem ou ao quarto de seu filho.

> “**Para ficar mais difícil:** além de memorizar a lista das coisas compradas, faça a contagem dos itens comprados. Por exemplo, comprou três maçãs, dois pêssegos e sete latas de sopa, num total de 12 itens.”

64

Jogo para dias chuvosos

Várias atividades, tanto dentro como fora de casa, são perfeitas para um dia chuvoso. Se estiver quente, vistam uma roupa impermeável, peguem um guarda-chuva e corram para a chuva. *Playgrounds*, zoológicos e outras aventuras feitas normalmente em dias ensolarados ficam livres das multidões em dias de céu nublado.

materiais necessários

NENHUM

Vocês também podem se divertir espirrando água das poças ou colocando um barquinho feito de galho para ser levado pela enxurrada. Tente mudar o curso da água fazendo um dique com pedras e barro. Fique de olho nas minhocas, que são forçadas a sair da terra por causa da umidade. Seu filho provavelmente vai se divertir ajudando essas criaturinhas rastejantes a sair da calçada e alcançar a grama.

Se vocês preferirem ficar secos, podem ler livros sobre tempestades e entender por que os raios são perigosos. Veja se seu filho sabe de onde vem a chuva e por que lagos e rios normalmente não transbordam. Discuta com ele como a chuva ajuda as árvores e as plantas a se manterem vivas. Tomem um belo prato de sopa quentinha e assistam a um filme. Antes que vocês percebam, o sol estará brilhando!

65

Acampamento no quintal

PARA UMA EXPERIÊNCIA essencial entre pai e filho, planeje um acampamento no quintal. Essa atividade relativamente simples garante horas de entretenimento e de uma forte ligação entre você e seu garoto.

materiais necessários

SACOS DE DORMIR, BARRACA, TRAVESSEIROS, BARALHO, COMIDINHAS E LANTERNAS

Antes que escureça, explore a área que usarão para acampar. Se você não tiver um quintal, entre em contato com a prefeitura para checar se vocês podem acampar em algum parque da região. Então, monte a barraca longe o bastante de casa para dar a impressão de que vocês estão na floresta. Arrume os sacos de dormir e coloque as lanternas em um lugar conveniente.

Antes de dormir, faça um *tour* pelo quintal ou pela vizinhança. Sentem-se do lado de fora da barraca e olhem as estrelas. Quando chegar a hora de ir para cama, entre na barraca e acenda as lanternas. Comam alguma coisinha enquanto você conta histórias de acampamento ou jogam uma partida de baralho. Apague as lanternas e ouçam os barulhos da noite antes de cair no sono.

De manhã, corram para dentro de casa para tomar um banho relaxante. Sentem-se para o café da manhã e dividam as memórias da aventura emocionante.

> “**Para ficar mais difícil:** tostar *marshmallow* na fogueira faz qualquer acampamento no quintal ficar mais especial. Antes de juntar os gravetos, certifique-se de que seu filho conhece as regras básicas de segurança contra o fogo e de que a prefeitura permita fogueira.
>
> **Para ficar mais fácil:** acampar na sala de casa é mais quentinho e mais seco do que acampar no quintal, especialmente para crianças que podem ficar com medo dos ruídos noturnos.”

66

Poemas simples

QUER ENCORAJAR o seu filho a ter amor pela literatura? Comece cedo, com o jogo Poemas Simples. Até mesmo os mais jovens, com um vocabulário mínimo, adoram e se beneficiam com uma ou duas rodadas dessa atividade encantadora.

Comece cortando pequenas tiras de papel grandes o bastante para conter uma palavra. Depois, divida-as entre vocês, para que cada um tenha dez tirinhas. Com um lápis ou uma caneta, escreva uma palavra em cada tira de papel. Serve qualquer palavra, e quanto mais boba, melhor. Se seu filho estiver sem ideias, peça para ele andar pela casa para se inspirar. Para facilitar as coisas, inclua vários verbos e substantivos em seu grupo de dez palavras. Depois, dobre cada tira ao meio e coloque-as dentro do chapéu ou da tigela. Peça para seu filho começar sorteando as

materiais necessários

PAPEL EM BRANCO, TESOURA, CANETA OU LÁPIS E CHAPÉU OU TIGELA

palavras. Outra opção, é selecionar uma palavra alternadamente até que cada um tenha dez.

Agora começa a parte desafiadora. Você e seu filho terão de criar poemas usando as dez palavras que selecionaram. O poema pode ter no mínimo uma linha e, no máximo, dez linhas. A única regra desse jogo é que todas as dez palavras devem ser usadas e nenhuma pode ser acrescentada. Quando vocês tiverem criado uma obra-prima, revezem-se para ler o poema um do outro. Em poesia, muitas vezes, há que se ver como as palavras soam juntas, portanto, lê-la em voz alta é uma boa maneira de ouvir o quão bobo ou criativo o seu poema ficou.

Se você inventar algo único, copie as palavras para um pedaço de papel, decorando ou ilustrando-o, e grude-o na geladeira. Se nenhum de vocês estiver satisfeito, coloquem as palavras de volta, misturem e tentem de novo. Você pode acrescentar mais palavras para tornar o jogo mais interessante ou fazer uma aposta para ver quem consegue fazer o poema mais rapidamente. De um jeito ou de outro, você e seu filho definitivamente vão dar boas risadas com as combinações bobas das palavras.

“ **Para ficar mais difícil:** aumente o poema para 15 palavras ou estabeleça mais restrições, como ser obrigatório ter duas palavras por linha. Ou, ainda, permita que os jogadores usem palavras extras quando precisar, contanto que utilizem as dez que selecionaram.

Para ficar mais fácil: seu filho não sabe escrever? Desenhe figuras simples e use-as para criar um poema ilustrado!

67

Uma refeição de verdade

Da próxima vez que a cozinheira da sua casa tirar uma folga, sugira que seu filho prepare o jantar da família em vez de saírem para comer. Preparar o jantar ajudará seu filho a entender o tempo e o esforço necessários para se fazer uma refeição. E também pode ser muito divertido, já que garotos adoram fazer bagunça na cozinha.

Seu filho talvez possa querer preparar algo elaborado, então, sugira que nessa primeira vez vocês tentem algo simples. Deixe que seu filho faça todo o planejamento, desde decidir sobre os ingredientes até escolher a sobremesa. Explique a ele que uma refeição balanceada e saudável deve incluir ingredientes de todos os grupos alimentares. Mostre a ele um gráfico dos alimentos para que ele possa visualizar os diferentes tipos de comida que ele deve incluir.

materiais necessários

INGREDIENTES PARA UMA REFEIÇÃO

Depois que ele tiver planejado o menu (macarrão com queijo e uma salada é um bom começo), decida quais partes do processo do preparo do prato seu filho poderá fazer. Pegar os ingredientes, despejar e misturar são tarefas certeiras para os mais novos, e provavelmente será o bastante para deixá-los satisfeitos.

Deixe que ele arrume a decoração em cada prato e, se ele quiser, peça para ele explicar a todos da família por que cada um dos alimentos que ele escolheu é importante para manter todos fortes e saudáveis. Se seu filho normalmente faz a mesa, dê um tempo dessa vez, já que ele ajudou no preparo da comida. Mas tenha certeza de ensinar a ele que preparar uma refeição inclui também guardar todos os ingredientes, colocando todas as sobras na geladeira.

“ **Para ficar mais difícil:** obviamente que quanto mais complicada for uma refeição, maior será o desafio. Mesmo assim, você ainda quer aumentar o desafio? Peça para ele escrever um menu caprichado para cada membro da família.

Para ficar mais fácil: garotos pequenos irão sentir que contribuíram, ainda que a ajuda deles seja limitada a escolher o prato ou a ajudar com alguns poucos ingredientes. ”

68

Plante uma árvore

QUER DAR A SEU FILHO algo que sobreviverá por muito tempo, mesmo depois de ele crescer e deixar de lado os carrinhos de brinquedo, as figurinhas e os bichos de pelúcia? Considere plantar uma árvore juntos. Você poderá comparar o crescimento dela e do seu filho durante muito tempo.

materiais necessários

MUDA DE ÁRVORE E PÁ

Comece escolhendo um lugar para plantar a muda da árvore. Precisa ser fora do caminho, para que não seja atropelada acidentalmente, mas também ela deve receber uma iluminação adequada. Achou o local? O próximo passo é escolher a muda. É muito mais gratificante assistir ao rápido progresso de uma muda jovem do que o crescimento lento e regular de uma árvore maior. Escolha a espécie de acordo com o clima local, com o espaço que existe em seu terreno e com o gosto de seu filho. Muitas estufas e lojas da sua região podem recomendar árvores que são adequadas para o seu ambiente.

O trabalho mais divertido começa quando você cava o buraco para plantar a muda. Ajude seu filho a cavar um buraco fundo o bastante para que as raízes se espalhem livremente. Abra a torneira e, com uma mangueira, despeje água até a metade do buraco. Coloque a muda no buraco, deixando o tronco no nível do solo. Peça para seu filho encher o buraco de terra, enquanto você compacta levemente. Quando o buraco estiver cheio, a muda deve ficar firme, mesmo sem apoio. Regue a terra para que fique totalmente encharcada, assentando-a ao redor das raízes da árvore.

A chave para a sobrevivência de sua muda é água e proteção. Seu filho deve regar a árvore todos os dias nas primeiras duas semanas, e, depois, um dia sim e outro não durante um mês (se o tempo estiver seco, pode ser por mais tempo). Jogue água até que se formem poças sobre a árvore. Você pode colocar ainda uma proteção em volta do tronco para que outras crianças ou criaturas se mantenham longe da mudinha delicada.

Dependendo da espécie e das condições de crescimento, sua árvore pode crescer 30 cm ou mais na primeira estação, aumentando mais 30 cm no próximo ano. Daqui a 20 anos, seu filho poderá voltar ali e se sentar embaixo de uma árvore de copas grandes e se lembrar da diversão de tê-la plantado com o papai!

69

Barbeando-se por um dia

NÃO EXISTE NADA que aproxime tanto o pai de seu filho como uma boa sessão de barba. Surpreso? Não fique. Garotos adoram ver o papai espalhar a espuma de barbear no rosto. Então, da próxima vez que você flagrá-lo assistindo a você aparar sua barba, convide-o para se juntar a você!

materiais necessários

ESPUMA DE BARBEAR, TOALHA ÚMIDA QUENTINHA E CARTA DE BARALHO

Primeiro, ponha uma toalha de rosto embaixo da água quente e peça para seu filho colocá-la sobre as bochechas e o queixo dele. Peça para ele segurar as suas mãos, enquanto você espirra a espuma de barbear. Mostre a ele a maneira certa de aplicar a espuma, cobrindo toda a "barba" e evitando a região dos olhos.

Depois, dê a ele uma carta de baralho ou qualquer outro objeto com a borda firme. Demonstre a maneira correta de usar a "lâmina" para tirar a espuma. Deixe que ele lave a carta do baralho, se for preciso. Ele deve repetir o processo até o rosto ficar limpo. Dê a ele a toalha úmida novamente para que possa tirar qualquer resíduo.

Mostre que você aprovou o trabalho benfeito, esfregando seu dedo devagar nas bochechas dele e elogiando como ele ficou bem barbeado. Então, tomem o café da manhã juntos.

70

Código secreto

COM AS INTERAÇÕES CIBERNÉTICAS, criptografias e codificações tornaram-se um processo complexo nos dias de hoje. Entre nesse jogo, criando um código secreto que apenas você e seu filho saibam como “quebrar”. Uma ligação muito especial será criada entre vocês quando compartilharem segredos indefensáveis.

Há uma dúzia de códigos simples que você pode usar para se comunicar com seu filho. Quando tiver decidido qual método de criptografia usar, aprender o sistema é a única parte mais difícil dessa atividade. Quando vocês dois tiverem atingido a maestria na arte de escrever usando um código secreto, a troca de mensagens pode começar!

materiais necessários

PAPEL E CANETA

Um dos códigos que vocês podem tentar é o Código Letra-Número. Num papel, escreva o alfabeto. Agora acrescente um número embaixo de cada letra, começando com o 1 associado à letra A, 2 à letra B e assim por diante, até que todas as letras tenham um número associado a ela. Quando você quiser usar esse código, simplesmente escreva uma mensagem usando os números correspondentes em vez das letras (portanto, se você quiser escrever "Alô", você deverá escrever "1-12-15"). Inclua um tracinho entre cada número e um espaço entre cada letra.

Outra possibilidade é o Código de Trás Para a Frente. Para criptografar alguma coisa usando esse código, escreva cada palavra de sua mensagem de trás para a frente. Por exemplo, em vez de escrever a sentença "código secreto é divertido", você deve escrever "ogidóc oterces é oditrevid". Qualquer outra criança que vir essas anotações com código secreto ficará atônita.

Procurando por algo um pouco mais desafiador? Tente usar o Código da Palavra Escondida. Comece escrevendo sua mensagem. Depois, use cada letra da primeira palavra com a primeira letra de uma palavra em uma sentença criptografada. Digamos que a sua mensagem original seja: "Quero bala". Usando o código, você teria de escrever: "Queria usar esse relógio ouro. Bateria acabou logo agora". Para quebrar esse código, tudo o que seu filho terá de fazer é pegar a primeira letra de cada palavra e juntá-las. Muito difícil? Uma variação mais fácil desse código é pegar cada palavra de sua mensagem secreta e usá-la como a primeira de uma sentença. "Você é especial" pode se transformar em "VOCÊ chegou da escola agora. É hora de almoçar. ESPECIAL é quem a gente ama". Qualquer pessoa que não souber a chave para desvendar essa mensagem secreta ficará perdida tentando compreender frases sem sentido.

Esconda mensagens secretas no lanche, embaixo do travesseiro ou sobre o prato dele no jantar. Ele vai adorar decifrar e você vai gostar de ver o seu rosto brilhar quando conseguir resolver o enigma!

71

Minigolfe

Você gosta de golfe? Envolva seu filho num jogo, criando um campo em miniatura dentro de sua casa ou no quintal. Vocês dois se divertirão muito fazendo buracos em lugares difíceis e depois jogando uma ou duas rodadas.

> **materiais necessários**
>
> BOLAS E TACOS DE GOLFE (OU SUBSTITUTOS APROPRIADOS), LATA DE LIXO, LIXO RECICLÁVEL, CAIXAS DE PAPELÃO, LATAS DE LEITE E TIGELAS

Metade da diversão dessa atividade está em criar o campo. Gaste um tempo extra inventando buracos desafiadores e criativos. Planeje o seu campo de golfe e então construa rampas, túneis, prédios ou outros obstáculos para que os novatos tentem superar. Você pode até mesmo escolher um tema e fazer os obstáculos de acordo com ele; um castelo e um canal são opções fáceis.

Use materiais que estejam à mão para fazer os buracos e os obstáculos. Uma caixa de papelão, cortada em um formato semicircular nas duas pontas inferiores, é boa para fazer as vezes de um prédio. Corte o fundo de uma lata de leite e, deitando-a, transforme-a em um túnel. Faça rampas de madeira ou papelão apoiadas em tijolos ou em algum dos blocos de seu filho. Tigelas enterradas no chão e cheias de água podem ser bons obstáculos. Para fazer os buracos, cave um pouco de terra do chão e coloque um copo de plástico dentro. Ou, se você estiver jogando dentro de casa, vire o copo de lado. Brinquedos, cadeiras, livros e outros objetos de casa podem se tornar obstáculos desafiadores.

Você pode definir um par para cada buraco ou decidir que aquele que conseguir enterrar a bola com menos tacadas vence, ainda que façam várias tentativas. Então, peguem os tacos e vão em frente!

72

História em sequência

Da próxima vez que você e seu filho ou outros membros da família estiverem sentados, com tédio, lance uma história no ar. Mas em vez de você inventar toda a coisa, revezem-se na criação do roteiro. Comece a história recitando algumas sentenças, depois vire para seu filho e pergunte: "E o que acontece depois?" Estimule a criatividade dele, fazendo-o terminar a sua parte com uma história de ação.

materiais necessários

NENHUM

Essas histórias normalmente vão ficando sem sentido, com reviravoltas radicais cada vez que alguém novo assume a narrativa. Se seu filho tiver travado, ajude-o fazendo perguntas insinuantes, como: "O dinossauro apareceu de repente?" ou "A luz apagou?". O foco dessa atividade é ser capaz de ouvir com atenção a pessoa que está contando o segmento da história antes de você, para que então você possa desenrolar a história quando chegar a sua vez.

Para as crianças que sabem escrever é possível transformar essa atividade oral em algo que dure mais, usando um caderno de anotações. Comece escrevendo uma introdução e depois deixe que seu filho tente acrescentar reviravoltas à trama. Deixe o caderno por perto para que outros membros da família possam contribuir. Em pouco tempo, você terá em mãos uma obra-prima literária!

73

Pintura no rosto

PINTAR O ROSTO é uma atração e tanto para as crianças. Infelizmente, isso envolve longas esperas em filas durante festas ou grandes eventos, e o resultado pode não ser tão fantástico. A próxima vez que seu filho quiser fazer algo criativo, pinte o rosto dele em casa.

Comece lavando o rosto dele e aplicando um hidratante ou um gel levemente oleoso. Isso facilitará o processo de remoção da pintura. Então, converse sobre o tipo de pintura que ele gostaria. Se ele for um pouco ansioso, sugira algo pequeno nas bochechas, em vez de uma máscara completa. Pintar o emblema do time favorito dele é garantia de sucesso!

materiais necessários

TINTA FACIAL

Você não precisa ser um grande artista para criar faces de animais, como gatos, tigres ou rato. Heróis também costumam ser um pedido comum. Contanto que você saiba como eles se parecem, será bem simples fazê-los. Peça para seu filho folhear livros para encontrar exemplos de pinturas que ele gostaria. Copiar o rosto de uma foto muitas vezes pode ajudar.

Quando ele tiver escolhido, vista roupas velhas ou um avental. Peça para ele segurar um espelho enquanto você trabalha. É importante manter-se longe da área dos olhos. Quando tiver terminado sua obra-prima, deixe que seu filho tente ser um artista. Ele vai adorar ter a chance de pintar o rosto do papai.

Sabão e água devem remover qualquer resíduo de tinta, quando quiserem voltar a ser vocês mesmos.

74

Fotos distorcidas

DESENHE E FAÇA ARTE com fotos distorcidas. Elas não são apenas divertidas de fazer, mas também de brincar, depois de finalizadas.

Comece dobrando uma cartolina em um retângulo de cerca de 10 cm x 8 cm. Agora, peça para seu filho desenhar metade de uma figura em um dos lados do papelão, por exemplo, uma casquinha de sorvete sem o sorvete em cima, uma árvore sem folhas ou uma pessoa sem cabelo. Do outro lado do papelão dobrado, desenhe a parte que está faltando da figura anterior, mais ou menos na posição que teria que ser feita, caso você quisesse juntar frente e verso do papelão. Lembre-se de pintar cada lado da figura de uma cor diferente. Se seu filho tiver desenhado uma casquinha de sorvete, por exemplo, faça a casquinha marrom e o sorvete cor-de-rosa.

materiais necessários

LÁPIS, CARTOLINA, GIZ DE CERA, CANETINHAS E FITA ADESIVA

Desdobre o papelão. Passe uma fita adesiva ou qualquer outro material colante no lado detrás do papelão (do lado oposto ao que está desenhado a casquinha ou a árvore). Então, dobre o papelão novamente para que o lápis fique prensado entre os dois desenhos. Cole os lados juntos com fita adesiva e deixe o lápis pendurado para baixo, de forma que fique parecendo que você tem um picolé de papelão.

Segure o lápis na palma da mão. Mostre a seu filho o lado da frente (a casquinha ou a árvore) e então rode rapidamente o lápis, para que a figura mude rapidamente, fazendo que você veja a casquinha e em seguida o sorvete, a árvore e depois os galhos. Como mágica, vai parecer que o sorvete está na casquinha e os galhos estão grudados na árvore.

Seu filho ficará fascinado com a ilusão de óptica e vai querer mostrar para todos os amiguinhos.

75

Diversão no meio das folhas

Brincar no meio das folhas caídas é um passatempo e tanto durante o outono. Faça parte dessa diversão construindo uma fortaleza de folhas para seu filho.

Rastele as folhas de seu gramado e forme uma pilha enorme. Existem duas maneiras básicas de se construir uma fortaleza. O jeito mais fácil é criar um "ninho" no meio da pilha e empurrar as folhas para as bordas. Essa fortaleza mais simples é perfeita para os pequeninos.

Para uma versão mais sofisticada, encontre uma caixa grande de papelão (caixas de geladeira são ótimas), deite-a de lado e cubra-a com folhas. Deixe um lado (a abertura da caixa) descoberto para que vocês possam entrar e sair da fortaleza facilmente. Se você, por acaso, tiver duas caixas, faça duas fortalezas - então cada um de vocês terá a sua própria base.

materiais necessários

ANCINHO OU RASTELO
E CAIXA DE PAPELÃO

Vocês podem ainda escorregar nas folhas ou fazer uma guerra de folhas. Tentem, você e seu filho, enterrar-se nas folhas para descobrirem qual é a sensação. Terminem o dia coletando as cinco folhas favoritas de cada um, e comparem as cores e os tamanhos.

COLABORARAM NESTE LIVRO

Coordenação editorial Márcia Duarte
Produção gráfica e direção de arte Vivian Valli
Tradução Marcelo Guerreiro
Preparação Jane Pessoa da Silva
Revisão Kleber Kohn/Et Cetera Editora
Projeto gráfico e composição Silvia Souza/Et Cetera Editora
Foto da capa Shutterstock

FICHA TÉCNICA

Impressão Paym Gráfica e Editora
Papel Cartão 250 g/m² (capa), Offset 75 g/m² (miolo)
Tipologia EideticNeo 14/18

Para preservar as florestas e os recursos naturais este livro foi impresso em papel 100% proveniente de reflorestamento e processado livre de cloro.

GRÁFICA PAYM
Tel. (011) 4392-3344
paym@terra.com.br